Amerikanische Sonntagsschule

Biblisches Fragebuch für Kinder

Amerikanische Sonntagsschule

Biblisches Fragebuch für Kinder

ISBN/EAN: 9783743324473

Hergestellt in Europa, USA, Kanada, Australien, Japan

Cover: Foto ©Lupo / pixelio.de

Manufactured and distributed by brebook publishing software
(www.brebook.com)

Amerikanische Sonntagsschule

Biblisches Fragebuch für Kinder

Biblisches Fragebuch

für

Kinder.

PHILADELPHIA:

AMERICAN SUNDAY-SCHOOL UNION,

No. 1122 Chestnut Street.

NEW YORK: 7, 8 & 10 BIBLE HOUSE, ASTOR PLACE.

Vorwort.

Dieses Büchlein ist besonders, doch nicht ausschließlich, für die Classen der jüngeren Kinder in der Sonntagsschule bestimmt. Es umfaßt, in allgemeiner und zusammenhängender Weise, die wichtigsten Ereignisse des Alten und Neuen Testaments. Die Antworten auf die Fragen sind kurz, einfach und, so viel als möglich, in Bibelworten gegeben. Im Neuen Testament sind die Fragen über die Evangelien aus allen vieren zusammen genommen, und nicht in der Ordnung eines einzelnen Evangeliums. Ein solch allgemeiner Ueberblick über den Inhalt der heiligen Schrift scheint nöthig als Einleitung zum Studium besonderer Theile derselben.

Die sechzehn Bändchen der unirten Fragebücher, die von der Gesellschaft herausgegeben sind, stehen mehr oder weniger im Gebrauch aller evangelischen Denominationen, und erproben sich als sehr geeignet zur Erklärung des göttlichen Wortes.

Dies Bändchen dürfte als Einleitung zu den übrigen gebraucht werden.

Das Kapitel und der Vers, die eine Antwort enthalten, sind meistens angeführt; jeder Lehrer mag dann nach seinem Gutdünken noch weitere Erklärung hinzufügen.

J. FAGAN & SOHN, STEREOTYP-GIESZEREI, PHILADELPHIA.

Biblisches Frage=Buch

für

Kinder.

Erste Lektion.

Frage. Welches Buch soll uns das liebste sein?

Antwort. Die Bibel.

F. Warum?

A. Einmal, weil sie uns sagt was Gott von uns ver= langt.

F. Was bedeutet das Wort: Bibel?

A. Es bedeutet Buch; aber es wird nur für die heilige Schrift gebraucht.

F. Was beweist uns, daß die Bibel von Gott ist?

A. Sie sagt uns Vieles, das nur Gott wissen kann.

F. Wie heißen die zwei großen Theile der Bibel?

A. Das alte und das neue Testament.

F. Wie viele Bücher ent= hält das alte Testament?

A. Neun=und=dreißig.

F. Wie viele enthält das neue Testament?

A. Sieben=und=zwanzig.

F. Welches ist das erste Buch in der Bibel?

A. Das erste Buch Mosis, oder Genesis.

F. Was heißt Genesis auf deutsch?

A. Schöpfung.

F. Wovon erzählt uns dieses erste Buch Mosis?

A. Von der Schöpfung.

F. Wer hat Himmel und Erde geschaffen?

A. Gott. 1 Mos. 1, 1.

F. Wann schuf Gott Himmel und Erde?

A. Im Anfang. 1 Mosis 1, 1.

F. Was meint hier: im Anfang?

A. Das meint gerade dann, als Gott anfing zu schaffen.

F. Aus was hat Gott alle Dinge geschaffen?

A. Aus Nichts. 1 Mos. 1, 2.

F. In wie viel Zeit hat Gott alle Dinge erschaffen?

A. In sechs Tagen. 2 Mos. 20, 11.

F. Was schuf Gott am ersten Tag?

A. Das Licht. 1 Mos. 1, 3.

F. Was sprach Gott, als Er das Licht schuf?

A. Es werde Licht!

F. Was schuf Gott am zweiten Tag?

A. Die Veste des Himmels.

F. Was schuf Er am dritten Tag?

A. Gras und Kraut und Bäume. 1 Mos. 1, 11.

F. Was am vierten Tag?

A. Sonne, Mond und Sterne. 1 Mos. 1, 14-18.

F. Was schuf Er am fünften Tag?

A. Die Fische im Meer und die Vögel unter dem Himmel. 1 Mos. 1, 20-22.

F. Was schuf Gott am sechsten Tag?

A. Die vierfüßigen Thiere, das Gewürm und den Menschen. 1 Mos. 1, 24-27.

F. Wie hieß der erste Mensch?

A. Adam. 1 Mos. 2, 19.

F. Wie hieß sein Weib?

A. Eva. 1 Mos. 3, 20.

F. Aus was hat Gott Adam gemacht?

A. Aus dem Erdenkloß. 1 Mos. 2, 7.

F. Wohin setzte Gott den Menschen, als Er ihn erschaffen hatte?

A. In den Garten Eden. 1 Mos. 2, 15.

F. Von was sollte er dort nicht essen?

A. Vom Baum des Erkenntnisses Gutes und Böses sollte er nicht essen. 1 Mos. 2, 17.

F. Mit welcher Strafe drohte Gott dem Menschen, wenn er ungehorsam sei, und doch von dem Baum esse?

A. Er werde des Todes sterben. 1 Mos. 2, 17.

F. Wer verführte Adam zu sündigen?

A. Eva. 1 Mos. 3, 6.

F. Wer verführte die Eva?

A. Die Schlange. 1 Mos. 3, 13.

F. Wie hat die Schlange Gott widersprochen?

A. Sie sagte zu dem Weibe: ihr werdet mit Nichten des Todes sterben. 1 Mos. 3, 4.

F. Wer war die Schlange?

A. Der Satan. Offenb. Joh. 22, 2.

F. Wer sollte der Schlange den Kopf zertreten?

A. Des Weibes Same. 1 Mos. 3, 15.

F. Wer ist damit gemeint?

A. Christus.

F. Um weßwillen verfluchte Gott den Acker, und ließ ihn Dornen und Disteln hervorbringen?

A. Um Adams willen. 1 Mos. 3, 17. 18.

Cain erschlägt Abel.

Zweite Lektion.

F. Wer waren Cain und Abel?

A. Die Söhne Adams. 1 Mos. 4, 1. 2.

F. Von was brachte Cain dem HErrn ein Opfer?

A. Von den Früchten des Feldes. 1 Mos. 4, 3.

F. Was für ein Opfer brachte Abel?

A. Er brachte ein Lamm.

F. Welches Opfer sah der HErr gnädig an?

A. Abels Opfer.

F. Warum?

A. Weil er es im Glauben brachte. Hebräer 11, 4.

F. Was ist der Glaube?

A. Der Glaube ist eine gewisse Zuversicht deß, das man hoffet, und nicht zweifelt an dem, das man nicht siehet. Hebr. 11, 1.

F. Können wir Gott gefallen ohne Glauben?

A. Ohne Glauben ist es unmöglich Gott zu gefallen; denn wer zu Gott kommen will, der muß glauben, daß Er sei, und denen, die Ihn suchen, ein Vergelter sein werde. Hebr. 11, 6.

F. Was hat Cain Abel gethan?

A. Er schlug ihn todt. 1 Mos. 4, 8.

F. Wie strafte Gott den Cain dafür?

A. Gott sprach: Verflucht seist du auf der Erde; wenn du den Acker bauen wirst, soll er dir sein Vermögen nicht geben. Unstät und flüchtig sollst du sein auf Erden.

F. Was sagte Cain darauf?

A. Meine Sünde ist größer, denn daß sie mir vergeben werden könnte.

F. Wie heißen die Erzväter, die vor der Sündfluth lebten?

A. Adam, Seth, Enos, Kenan, Mahalaleel, Jared, Henoch, Methusalah, Lamech, Noah.

F. Was bedeutet das Wort Erzvater oder Patriarch?

A. Es bedeutet Regent oder Haupt der Familie.

F. Welcher von den Erzvätern lebte nach der Sündfluth?

A. Noah.

F. Was erzählt uns die Bibel von Henoch?

A. Dieweil er ein göttlich Leben führte, nahm Gott ihn hinweg und ward nicht mehr gesehen. 1 Mos. 5, 24.

F. Wie hieß der älteste Mann?

A. Methusalah. 1 Mos. 5, 27.

F. Wie alt war er?

A. Neunhundert und neun-und-sechzig Jahre alt.

F. Wer ließ die Sündfluth über die Erde kommen?

A. Gott. 1 Mos. 6, 17.

F. Warum ließ er sie kommen?

A. Weil die Menschen voll Frevels waren. 1 Mos. 6, 13.

F. Wer aber fand Gnade vor dem HErrn?

A. Noah. 1 Mos. 6, 8.

F. Was für ein Mann war Noah?

A. Noah war ein frommer Mann und ohne Wandel, und führte ein göttlich Leben zu seinen Zeiten. 1 Mos. 6, 9.

F. Was sollte Noah sich machen, daß er vor der Sündfluth bewahrt bleibe?

A. Einen Kasten oder eine Arche. 1 Mos. 6, 14.

F. Wie lang brauchte Noah, um die Arche zu bauen?

A. Wahrscheinlich einhundert und zwanzig Jahre.

F. Wie viele Menschen wurden in der Arche gerettet?

A. Acht. 1 Petri 3, 20.

F. Wer waren diese acht Menschen?

A. Noah und sein Weib, seine drei Söhne und ihre drei Weiber. 1 Mos. 7, 13.

F. Welche andere Geschöpfe wurden noch in der Arche gerettet?

A. Thiere und Vögel und Gewürm aller Art. 1 Mos. 7, 14.

F. Auf welches Gebirge ließ sich die Arche nieder nach der Sündfluth?

A. Auf das Gebirge Ararat. 1 Mos. 8, 4.

F. Wo war das?

A. In Armenien.

F. Wie lang war Noah in der Arche?

A. Ungefähr ein Jahr lang.

F. Was that Noah, als er aus der Arche gieng?

A. Er baute dem HErrn einen Altar, und opferte Brandopfer darauf. 1 Mos. 8, 20.

F. Welche Verheißung gab nun Gott?

A. Er wolle keine Sündfluth mehr kommen lassen, die alles Fleisch verderbe. 1 Mos. 9, 15.

F. Was war das Zeichen des Bundes, den Gott mit Noah und seinen Nachkommen machte?

A. Der Regenbogen. 1 Mos. 9. 13.

F. Wie lang lebte Noah nach der Sündfluth?

A. Dreihundert und fünfzig Jahre. 1 Mos. 9, 28.

F. Wie alt war er, als er starb?

A. Neunhundert und fünfzig Jahre alt. 1 Mos. 9, 29.

Dritte Lektion.

F. Was wollten die Leute bauen bald nach der Sündfluth?

A. Eine Stadt und einen Thurm. 1 Mos. 11, 4.

F. Wo?

A. In der Ebene Sinear. 1 Mos. 11, 2.

F. Zu welchem Zweck wollten sie einen hohen Thurm bauen?

A. Sie wollten sich einen großen Namen machen, und wollten einen Platz haben, um den sie sich immer sammeln könnten. 1 Mos. 11, 4.

F. Wie hat Gott ihren Plan zerstört?

A. Er hat ihre Sprache verwirrt. 1 Mos. 11, 7.

F. Welchen Namen bekam die Stadt, die sie bauten?

A. Babel. 1 Mos. 11, 9.

F. Was bedeutet das Wort Babel?

A. Verwirrung.

F. Wie hieß der Vater von Abraham?

A. Tharah. 1 Mos. 11, 27.

F. Wie hieß Abraham's Weib?

A. Sarah. 1 Mof. 11, 29.

F. Wo erschien Gott dem Abraham zum ersten Mal?

A. In Mesopotamien. Apostelgesch. 7, 2.

F. Was sagte Gott dort zu ihm?

A. Gehe aus deinem Vaterland und von deiner Freundschaft und aus deines Vaters Hause in ein Land, das ich dir zeigen will. 1 Mof. 12, 1.

F. Hat Abraham Gott gehorcht?

A. Abraham gieng aus und wußte nicht, wo er hinkäme. Hebr. 11, 8.

F. An welchem Platz hielt er sich zuerst auf?

A. In Haran. Apg. 7, 4.

F. Wie lang blieb er dort?

A. Ungefähr fünf Jahre.

F. Wohin gieng er von dort?

A. Nach Canaan. 1 Mof. 12, 5.

F. Welche Verheißung gab ihm Gott dort?

A. Er wolle ihn zum großen Volke machen. 1 Mof. 12, 2.

F. Wer gieng mit Abraham nach Canaan außer seiner eignen Familie?

A. Lot. 1 Mof. 12, 5.

F. Wie war Lot mit Abraham verwandt?

A. Er war sein Neffe.

F. In welches Land gieng Abraham von Canaan aus?

A. Nach Egypten. 1 Mof. 12, 10.

F. Warum gieng er dorthin?

A. Weil eine Theurung in das Land Canaan kam.

F. Warum haben sich Abraham und Lot von einander getrennt, als sie aus Egypten kamen?

A. Ihre Habe war so groß, daß sie nicht bei einander wohnen konnten. 1 Mof. 13, 6.

F. Welchen Theil des Landes wählte Lot?

A. Die ganze Gegend am Jordan. 1 Mof. 15, 11.

F. Warum?

A. Weil sie wasserreich und fruchtbar war. 1 Mof. 13, 10.

F. In welcher Stadt wohnte er?   [12.

A. In Sodom. 1 Mof. 13,

F. Welches Gericht kam über Sodom?

A. Der Herr ließ Schwefel und Feuer regnen vom Himmel herab auf Sodom. 1 Mof. 19, 24.

F. Wer warnte Lot vor der Gefahr?

A. Zwei Engel des Herrn. 1 Mof. 19, 1.

F. Was that Lot dann?

A. Er floh aus der Stadt.

F. Wie gieng es seinem Weibe?

A. Sie sah zurück nach Sodom und wurde zur Salzsäule. 1 Mof. 19, 26.

F. In welche Stadt floh Lot?   [23.

A. Nach Zoar. 1 Mof. 19,

F. Wie viele Städte wur- [den zerstört?]
A. Vier.
F. Wie hießen sie?
A. Sodom und Gomorra, Adama und Zeboim. 1 Mos. 14, 2.

F. Was ist jetzt an der Stelle, wo einst diese vier Städte standen?
A. Man nimmt an, daß der Platz von dem todten Meer bedeckt ist.

Abraham im Begriffe Isaak zu opfern.

Vierte Lektion.

F. Wie hieß der Sohn der Verheißung, den Abraham hatte?
A. Isaak. 1 Mos. 21, 12.
F. Wie alt war Abraham, als ihm Isaak geboren wurde?
A. Hundert Jahre alt. 1 Mos. 21, 5.
F. Wie hieß Isaak's Bruder?
A. Ismael. 1 Mos. 25, 9.
F. Wo wohnte Ismael?
A. In der Wüste Paran. 1 Mos. 21, 21.
F. Womit versuchte Gott Abraham?
A. Er befahl ihm, seinen Sohn Isaak zu nehmen, und

ihn auf einem Berg zum Brandopfer zu opfern. 1 Mos. 22, 8.
F. Was that Abraham?
A. Er stand frühe auf und gehorchte Gott. 1 Mosis 22, 3.
F. Was sagte Isaak zu seinem Vater unterwegs?
A. Hier ist Feuer und Holz; wo ist aber das Schaf zum Brandopfer? 1 Mos. 22, 7.
F. Was antwortete ihm Abraham?
A. Mein Sohn, Gott wird ihm ersehen ein Schaf zum Brandopfer. 1 Mos. 22, 18.
F. Als sie nun an den ihnen

von Gott bestimmten Platz kamen, was that Abraham?

A. Er baute einen Altar. 1 Mos. 22, 9.

F. Was that er dann?

A. Er band Isaak und legte ihn auf den Altar, und faßte das Messer, daß er seinen Sohn schlachte.

F. Hat ihn Abraham wirklich geschlachtet?

A. Nein.

F. Warum nicht.

A. Der Engel des HErrn rief ihm vom Himmel. 1 Mos. 22, 11.

F. Was sagte der Engel?

A. Lege deine Hand nicht an den Knaben, und thue ihm Nichts.

F. Was sagte er, daß Abraham bewiesen habe?

A. Daß er Gott fürchte.

F. Was sah Abraham, als er seine Augen aufhob?

A. Einen Widder mit seinen Hörnern in der Hecke hängen. 1 Mos. 22, 13.

F. Was that Abraham?

A. Er opferte den Widder zum Brandopfer an seines Sohnes Statt.

F. Wie hieß Abraham die Stätte?

A. Der Herr siehet.

F. Welchen Segen sprach nun Gott über Abraham aus?

A. Ich will deinen Samen segnen und mehren, wie die Sterne am Himmel und wie den Sand am Ufer des Meeres. 1 Mos. 22, 17.

F. Wer sollte durch seinen Samen gesegnet werden?

A. Alle Völker auf Erden. 1 Mos. 22, 18.

F. Warum?

A. Darum, daß Abraham der Stimme Gottes gehorcht hat.

F. Wer ist unter dem Samen Abrahams hier gemeint?

A. Jesus Christus. Gal. 3, 16.

F. Wo starb Sarah?

A. In Hebron. 1 Mos. 23,

F. Wie alt wurde sie? [2.

A. Hundert und sieben-und-zwanzig Jahre. 1 Mos. 23, 1.

F. Wo ist Hebron?

A. Südlich von Jerusalem.

F. Wie weit entfernt davon?

A. Ungefähr fünf- und-zwanzig englische Meilen.

F. Welchen Begräbnißplatz kaufte Abraham?

A. Die zwiefache Höhle Ephrons des Hethiters. 1 Mos. 23, 9.

F. Wohin schickte Abraham seinen Knecht Elieser, daß er seinem Sohn Isaak ein Weib nehme?

A. Nach Mesopotamien. 1 Mos. 24, 10.

F. In welche Stadt?

A. In die Stadt Nahors.

F. Wie war Nahor mit Abraham verwandt?

A. Er war sein Bruder. 1 Mos. 11, 27.

F. Wer kam an den Brunnen, an dem Elieser betete?

A. Rebekka. 1 Mos. 24, 15.

F. Wer war Rebekka's Vater?

A. Bethuel.

F. Wie war Bethuel mit Isaak verwandt?

A. Sie waren Vetter.

F. Was sagten Laban und Bethuel, als ihnen Elieser seinen Auftrag ausgerichtet?

A. Das kommt vom HErrn. 1 Mos. 24, 50.

F. Was sagte Rebekka, als sie darüber gefragt wurde?

A. Ich will mit dem Manne gehen. 1 Mos. 24, 58.

F. Was ist sie nun geworden?

A. Die Frau von Isaak. 1 Mos. 24, 67.

F. Wem gab Abraham alle seine Habe?

A. Dem Isaak. 1 Mos. 25, 5.

F. Wie alt war Abraham, als er starb?

A. Hundert und fünf-und-siebzig Jahre alt.

F. Wo wurde er begraben?

A. In der zwiefachen Höhle, die er zum Begräbnißplatz gekauft.

F. Wer begrub ihn?

A. Seine Söhne Isaak und Ismael. 1 Mos. 25, 9.

Fünfte Lektion.

F. Wie hießen die Söhne Isaaks?

A. Esau und Jakob.

F. Welcher von ihnen verkaufte sein Erstgeburtsrecht?

A. Esau. 1 Mos. 25, 33.

F. Wer empfing dann den Segen des Erstgebornen?

A. Jakob. 1 Mos. 27, 36.

F. Wie gieng das zu?

A. Er betrog seinen Vater.

F. Wie war Esau nach diesem gegen seinen Bruder gesinnt?

A. Er haßte ihn. 1 Mos. 27, 41.

F. Wie wollte er sich nach seines Vaters Tod an Jakob rächen?

A. Er wollte ihn tödten.

F. Zu wem floh Jakob?

A. Zu Laban. 1 Mos. 27, 43.

F. Wohin?

A. Nach Mesopotamien. 1 Mos. 28, 7.

F. Wo hatte Jakob einen wunderbaren Traum?

A. In Bethel. 1 Mos. 28, 19.

F. Wo ist Bethel?

A. Zehn oder zwölf Meilen nördlich von Jerusalem.

F. Was träumte ihm?

A. Er sah eine Leiter auf

der Erde stehen, deren Spitze an den Himmel reichte, und sah die Engel Gottes daran auf und nieder steigen. 1 Mos. 28, 12–15.

F. Wer waren Jakob's Weiber?

A. Lea und Rahel.

F. Wie lange diente er dem Laban um sie?

A. Vierzehn Jahre lang.

F. Welche von beiden liebte Jakob am meisten.

A. Die Rahel. 1 Mos. 29, 30.

F. Wie lange blieb Jakob in Mesopotamien?

A. Zwanzig Jahre.

F. Auf welche Weise verließ Jakob den Laban?

A. Er floh von ihm, ohne es ihm zu sagen. 1 Mos. 31, 20.

F. Was that Laban, als er sah, daß Jakob geflohen war?

A. Er jagte ihm nach. 1 Mos. 31, 23.

F. Wie kam es, daß Laban dem Jakob nichts zu Leide that?

A. Gott sprach zu ihm: Hüte dich, daß du mit Jakob nicht anders redest denn freundlich. 1 Mos. 31, 24.

F. Wem begegnete Jakob auf seinem Wege?

A. Engel Gottes. 1 Mos. 32, 1.

F. Was sagte Jakob, als er sie sah?

A. Es sind Gottes Heere. 1 Mos. 32, 2.

F. Wie hieß er den Ort, an dem er ihnen begegnete? [2.

A. Mahanaim. 1 Mos. 32,

F. Was bedeutet Mahanaim?

A. Zwei Heere.

F. Zu wem schickte Jakob nun Boten?

A. Zu seinem Bruder Esau. 1 Mos. 32, 3.

F. Wo wohnte Esau?

A. In dem Lande Edom.

F. Welche Nachricht brachten die Boten dem Jakob wieder?

A. Dein Bruder Esau zieht dir entgegen mit vierhundert Mann. 1 Mos. 32, 6.

F. Welchen Eindruck machte diese Nachricht auf Jakob?

A. Er fürchtete sich sehr, und ihm war bange. 1 Mos. 32, 7.

F. Bei wem suchte er Hilfe?

A. Bei Gott. 1 Mos. 32, 9–11.

F. Von wem bat er, daß Gott ihn erretten möge?

A. Von Esau.

F. Womit versöhnte Jakob seinen Bruder Esau?

A. Mit einem Geschenke. 1 Mos. 32, 18.

F. Welchen neuen Namen bekam Jakob?

A. Den Namen Israel. 1 Mos. 32, 28.

F. Warum bekam er ihn?

A. Weil er im Gebet mit Gott gerungen hatte und ist obgelegen. 1 Mos. 32, 28.

F. Wie hieß Jakob den Ort?

A. Pniel. 1 Mos. 32, 30.

F. Was bedeutet das Wort Pniel?

A. Gottes Angesicht. 1 Mos. 32, 30.

F. Wie kam Esau dem Jakob entgegen?

A. Er lief ihm entgegen und herzte ihn, und fiel ihm um den Hals und küßte ihn, und sie weinten.

F. Wohin befahl Gott dem Jakob zu gehen? [1.

A. Nach Bethel. 1 Mos. 35,

F. Was versprach ihm Gott in Bethel?

A. Das Land, das Er Abraham und Isaak gegeben habe. 1 Mos. 35, 12.

F. Wo starb Rahel?

A. Zwischen Bethel und Bethlehem. 1 Mos. 35, 19.

F. Wie hießen ihre zwei Söhne?

A. Joseph und Benjamin. 1 Mos. 35, 24.

F. Wo kam Jakob zu seinem Vater Isaak?

A. In Hebron. 1 Mos. 35, 27.

F. Wie alt war Isaak als er starb?

A. Hundert und achtzig Jahre alt. 1 Mos. 38, 28.

F. Wer begrub ihn?

A. Seine Söhne Esau und Jakob. 1 Mos. 35, 29.

Sechste Lektion.

F. Wie viel Söhne hatte Jakob?

A. Zwölf.

F. Wie werden sie genannt?

A. Die zwölf Erzväter. Apostelg. 7, 8.

F. Welcher war Jakob's Lieblingssohn?

A. Joseph. 1 Mos. 37, 3.

F. Warum?

A. Weil er ihn in seinem Alter gezeugt hatte.

F. Was gab ihm Jakob als ein Zeichen seiner besondern Liebe?

A. Einen bunten Rock.

F. Wie waren seine Brüder gegen Joseph gesinnt?

A. Sie waren ihm feind, weil ihn sein Vater lieber hatte als sie. 1 Mos. 37, 4.

F. Was erhöhte noch ihren Haß?

A. Das, daß Joseph ihrem Vater sagte, wenn sie Unrecht thaten. 1 Mos. 37, 2.

F. Was erzählte Joseph seinen Brüdern?

A. Seine Träume. 1 Mos. 37, 6.

Joseph wird von seinen Brüdern an die Egypter verkauft.

F. Was war sein erster Traum?

A. Er träumte, er und seine Brüder hätten Garben gebunden auf dem Felde. 1 Mos. 37, 7.

F. Was träumte er von den Garben seiner Brüder?

A. Daß ihre Garben sich gegen seine Garbe neigten.

F. Was sagten seine Brüder, als sie diesen Traum hörten?

A. Solltest du unser König werden und über uns herrschen?

F. Welches war Joseph's zweiter Traum?

A. Er träumte, die Sonne, der Mond, und elf Sterne neigten sich vor ihm. 1 Mos. 37, 9.

F. Was sagte sein Vater über diesen Traum?

A. Soll ich und deine Mutter und deine Brüder kommen und dich anbeten? 1 Mos. 37, 10.

F. Wie waren seine Brüder jetzt gegen ihn gesinnt?

A. Sie beneideten ihn. 1 Mos. 37, 11.

F. Wo weideten sie das Vieh ihres Vaters?

A. In Sichem. 1 Mos. 37, 12.

F. Von wo gieng Joseph aus, um nach seinen Brüdern zu sehen?

A. Von Hebron. 1 Mos. 37, 14.

F. Wo fand er sie?

A. In Dothan. 1 Mos. 37, 17.

F. Was sagten sie von ihm, als sie ihn kommen sahen?

A. Seht, da kommt der Träumer her. 1 Mos. 37, 19.

F. Welchen Plan machten sie?

A. Sie schlugen an, daß sie ihn tödteten. 1 Mos. 37, 20.

F. Was sagten sie von seinen Träumen?

A. Man wird dann sehen, was seine Träume sind.

F. Welchen Rath gab nun Ruben?

A. Ihn in eine Grube zu werfen.

F. Was wollte er damit bezwecken?

A. Er wollte ihn aus ihrer Hand erretten, und ihn seinem Vater wieder bringen.

F. Was thaten seine Brüder zuerst mit ihm, als er zu ihnen kam?

A. Sie zogen ihm seinen bunten Rock aus. 1 Mos.27,23.

F. Wohin warfen sie ihn dann?

A. In eine Grube. 1 Mos. 27, 24.

F. Was thaten sie zuletzt mit ihm?

A. Sie verkauften ihn an einen Haufen Ismaeliter.

F. Wie alt war Joseph damals?

A. Ungefähr siebzehn Jahre alt. 1 Mos. 37, 2.

F. Was thaten seine Brüder mit seinem Rock?

A. Sie tunkten ihn in das Blut eines Ziegenbocks, und schickten ihn ihrem Vater. 1 Mos. 37, 31. 32.

F. Was ließen sie ihm sagen?

A. Diesen haben wir gefunden; sieh, ob's deines Sohnes Rock sei oder nicht.

F. Was sagte Israel?

A. Es ist meines Sohnes Rock.

F. Was glaubte er, daß aus Joseph geworden sei?

A. Er sagte: ein böses Thier hat ihn gefressen.

F. Was bezeugte Israel über den Verlust seines Sohnes Joseph?

A. Großes Leid lange Zeit; er zerriß seine Kleider, und legte einen Sack um seine Lenden, und wollte sich nicht trösten lassen.

Siebente Lektion.

F. Was thaten die Ismaeliter mit Joseph?

A. Sie nahmen ihn mit nach Egypten. 1 Mos. 37, 36.

F. An wen verkauften sie ihn?

A. An Potiphar.

F. Wer war Potiphar?

A. Des Pharao Kämmerer und Hofmeister.

F. Wer war Pharao?

A. König von Egypten.

Joseph erscheint vor Pharao.

F. Wer war mit Joseph, als er in des Egypters Hause war?

A. Der Herr war mit ihm. 1 Mos. 39, 2.

F. Wie behandelte Potiphar den Joseph, als er sah, daß der HErr mit ihm war?

A. Er war sehr gut gegen ihn.

F. Welches Amt gab ihm Potiphar?

A. Er setzte ihn über sein Haus, und Alles, was er hatte, that er unter seine Hände. 1 Mos. 39, 4.

F. Welchen Einfluß hatte das auf Potiphars Güter?

A. Der HErr segnete des Egypters Haus um Josephs willen. 1 Mos. 39, 15.

F. Wie kam es, daß Joseph in's Gefängniß geworfen wurde?

A. Er wurde von Potiphars Weib einer Sünde beschuldigt, die er nicht gethan hatte.

F. Hat ihn Gott dann auch verlassen?

A. Nein; der HErr war mit ihm, und neigte seine Huld zu ihm. 1 Mos. 39, 21.

F. Vor wem ließ ihn der HErr Gnade finden?

A. Vor dem Amtmann über das Gefängniß.

F. Wen befahl dieser unter Joseph's Hand?

A. Alle Gefangene im Gefängniß. 1 Mos. 39, 22.

F. Welche Beamten des Pharao waren mit Joseph im Gefängniß?

A. Der Amtmann über die Schenken, und der Amtmann über die Bäcker. 1 Mos. 40, 2.

F. Worüber wurden die beiden traurig?

A. Ueber Träume, die sie hatten und die ihnen Niemand auslegen konnte. 1 Mos. 40, 8.

F. Was sagte Joseph über das Auslegen?

A. Auslegen gehört Gott zu. 1 Mos. 40, 8.

F. Wie deutete Joseph den Traum des obersten Schenken?

A. In drei Tagen werde Pharao sein Haupt erhöhen, und ihn wieder in sein Amt setzen. 1 Mos. 40, 13.

F. Was bat Joseph den obersten Schenken?

A. Gedenke meiner, wenn dir's wohl gehet. 1 Mos.40,14.

F. Dachte der oberste Schenke an Joseph?

A. Nein. 1 Mos. 40, 23.

F. Was erinnerte ihn an seine Versäumniß?

A. Pharao träumte einen Traum und konnte Niemand finden, der ihn deuten konnte. 1 Mos. 41, 8.9.

F. Von wem sprach nun der oberste Schenke?

A. Von Joseph. 1 Mos. 41, 12.

F. Was that dann Pharao?

A. Er ließ Joseph rufen, und erzählte ihm seinen Traum. 1 Mos. 40, 14. 15.

F. Was sagte Joseph darauf?

A. Es stehet nicht bei mir; Gott wird doch Pharao Gutes weissagen. 1 Mos. 41, 16.

F. Wie deutete Joseph Pharaos beide Träume?

A. Er sagte, beide bedeuten sieben reiche Jahre und sieben Jahre theure Zeit in ganz Egyptenland. 1 Mos. 41, 25–32.

F. Was that Pharao dem Joseph dafür, daß er ihm die Träume deutete?

A. Er machte ihn zum Herrn über ganz Egyptenland. 1 Mos. 40, 41.

Achte Lektion.

F. Warum kamen Josephs Brüder nach Egypten?

A. Um Getreide zu kaufen. 1 Mos. 42, 3.

F. Warum ließ Jakob den Benjamin nicht mit seinen Brüdern ziehen?

A. Er fürchtete, es möchte ihm ein Unfall begegnen. 1 Mos. 42, 4.

2

F. Welche Ehre bezeugten die Brüder dem Joseph, als sie zu ihm kamen?

A. Sie fielen vor ihm nieder zur Erde auf ihr Antlitz. 1 Mos. 42, 6.

F. Kannte Joseph seine Brüder?

A. Er kannte sie; aber sie kannten ihn nicht. 1 M. 42, 8.

F. An was gedachte Joseph dann?

A. An seine Träume. 1 Mos. 42, 9.

F. Wie redete er mit ihnen?

A. Hart. 1 Mos. 42, 7.

F. Wie hieß er sie?

A. Kundschafter, die gekommen seien, zu sehen, wo das Land offen sei. 1 Mos. 42, 9.

F. Was antworteten die Brüder?

A. Deine Knechte sind gekommen, Speise zu kaufen. 1 Mos. 42, 10.

F. Was that nun Joseph mit ihnen?

A. Er ließ sie beisammen verwahren drei Tage lang. 1 Mos. 42, 17.

F. Was verlangte er dann von ihnen?

A. Sie sollten einen ihrer Brüder gebunden in Egypten zurücklassen; die übrigen sollten hinziehen mit ihrem Getreide, und ihren jüngsten Bruder Benjamin ihm bringen.

F. Welchen der Brüder behielt Joseph zurück?

A. Simeon. 1 Mos. 42, 24.

F. Was ließ Joseph mit ihrem Geld thun?

A. Er ließ es einem Jeglichen wieder in seinen Sack legen. 1 Mos. 42, 25.

F. Was sagte Jakob zu seinen Söhnen, als das Getreide verzehrt war?

A. Ziehet wieder hin, und kaufet uns ein wenig Speise. 1 Mos. 43, 2.

F. Unter welcher Bedingung nur wollten sie gehen?

A. Unter der Bedingung, daß Benjamin mit ihnen ziehen dürfe. 1 Mos. 43, 4.

F. Was sagte Joseph zu Benjamin, als er ihn sah?

A. Gott sei dir gnädig, mein Sohn. 1 Mos. 43, 29.

F. Welchen Eindruck machte diese Begrüßung auf Joseph?

A. Sein Herz entbrannte ihm gegen seinen Bruder und suchte, wo er weinte. 1 Mos. 43, 30.

F. In wessen Sack ließ er diesmal seinen silbernen Becher legen?

A. In Benjamins. 1 Mos. 44, 2.

F. Was thaten seine Brüder, als der Becher dort gefunden wurde?

A. Sie zerrissen ihre Kleider, und zogen wieder in die Stadt. 1 Mos. 44, 13.

F. Was thaten sie, als sie in Josephs Haus kamen?

A. Sie fielen vor ihm nieder auf die Erde. 1 Mos. 44, 14.

F. Welcher von den Brüdern redete Joseph an?

A. Juda. 1 Mos. 44, 18.

F. Wie gieng es Joseph während Judas Rede?

A. Er konnte sich nicht länger enthalten, sondern weinte laut. 1 Mof. 45, 1. 2.

F. Was sagte er?

A. Ich bin Joseph; lebt mein Vater noch? 1 Mof. 45, 3.

F. Welchen Eindruck machte diese Eröffnung auf die Brüder?

A. Sie erschracken vor seinem Angesicht. 1 Mosis 45, 3.

F. Wie tröstete sie Joseph?

A. Er sagte: bekümmert euch nicht, und denket nicht, daß ich darum zürne, daß ihr mich hieher verkauft habt. 1 Mof. 45, 5.

F. Um weßwillen, sagte Joseph, habe ihn Gott nach Egypten gesandt?

A. Um ihres Lebens willen.

F. Wie lange sollte die Theurung noch dauern?

A. Noch fünf Jahre lang. 1 Mof. 45, 6.

F. Was ließ Joseph seinem Vater sagen?

A. Gott hat mich zum Herrn in ganz Egypten gesetzt; komm herab zu mir, säume dich nicht. 1 Mof. 45, 9.

F. Wie nahm Jakob diese Nachricht auf?

A. Er glaubte sie zuerst nicht.

F. Was sagte er aber, als er von der Wahrheit der Nachricht überzeugt wurde?

A. Ich habe genug, daß mein Sohn Joseph noch lebt; ich will hin und ihn sehen, ehe ich sterbe. 1 Mof. 45, 28.

Neunte Lektion.

F. Wo opferte Jakob auf dem Wege nach Egypten?

A. In Bersaba. 1 Mof. 46, 1.

F. Wie viele von Jakobs Nachkommen giengen mit ihm nach Egypten?

A. Siebenzig. 1 Mof. 46, 27.

F. Welchen Theil Egyptens gab Pharao dem Jakob zum Wohnort?

A. Das Land Gosen. 1 Mof. 47, 6.

F. Wie hat Joseph seinen Vater empfangen?

A. Er fiel ihm um seinen Hals und weinte. 1 Mof. 46, 29.

F. Was sagte Jakob zu Joseph?

A. Ich will nun gerne sterben, nachdem ich dein Angesicht gesehen habe, daß du noch lebest. 1 Mof. 46, 30.

F. Was war die Beschäftigung der Söhne Jakobs?

A. Sie waren Viehhirten. 1 Mof. 46, 32.

F. Was nahmen sie mit sich nach Egypten?

A. Ihr Vieh.

F. Wie haben die Egypter die Viehhirten angesehen?

A. Sie waren ihnen ein Gräuel. 1 Mos. 46, 34.

F. Was wurde Joseph nach einiger Zeit angesagt?

A. Siehe, dein Vater ist krank. 1 Mos. 48, 1.

F. Wen nahm Joseph mit sich, um seinen Vater zu besuchen?

A. Seine zwei Söhne.

F. Wie hießen sie.

A. Manasse und Ephraim.

F. Wozu verlangte Israel, daß man sie ihm bringen solle?

A. Daß er sie segne. 1 Mos. 48, 9.

F. Auf welchen der zwei Söhne legte Jakob seine rechte Hand?

A. Auf Ephraim. 1 Mos. 48, 14.

F. Welcher war der älteste?

A. Manasse.

F. Aus welchem Grunde zog Jakob Ephraim dem Manasse vor?

A. Weil er der größere werden sollte. 1 Mos. 48, 19.

F. Warum wünschte Jakob, noch alle seine Söhne zu sehen, ehe er starb?

A. Daß er ihnen verkündige, was ihnen begegnen werde in zukünftigen Zeiten. 1 Mos. 49, 1.

F. Wo wollte er begraben sein?

A. In der zwiefachen Höhle, die Abraham von Ephron gekauft hatte. 1 Mos. 49, 29.

F. Was that Jakob, nachdem er alle Gebote an seine Kinder vollendet hatte?

A. Er verschied und ward versammelt zu seinem Volke. 1 Mos. 49, 33.

F. Was that man mit Jakobs Leichnam?

A. Er wurde einbalsamirt. 1 Mos. 50, 1.

F. Wie alt war Jakob, als er starb?

A. Hundert und sieben-und-vierzig Jahre alt. 1 Mos. 47, 28.

F. Wie lang lebte er in Egypten?

A. Siebenzehn Jahre.

F. Was bat Joseph von Pharao?

A. Er bat um Erlaubniß, hinauf zu ziehen und seinen Vater zu begraben. 1 Mos. 50, 5.

F. Wer zog mit ihm hinauf?

A. Ein großes Heer Egypter und Israeliter. 1 Mos. 50, 9.

F. Wie lang trugen sie Leid über Jakob?

A. Sieben Tage lang.

F. Was ließen die Brüder Josephs ihm sagen, nach ihres Vaters Tod?

A. Lieber, vergieb deinen Brüdern die Missethat und ihre Sünde, daß sie so übel an dir gethan haben. 1 Mos. 50, 17.

F. Was antwortete ihnen Joseph?

A. Fürchtet euch nicht; denn ich bin unter Gott. 1 Mos. 50, 19.

F. Wie redete er mit ihnen?

A. Freundlich. 1 Mos. 50, 21.

F. Warum, sagte er, habe ihn Gott nach Egypten geschickt?

A. Um viel Volks zu erhalten. 1 Mos. 50, 20.

F. Wie alt war Joseph, als er starb?

A. Hundert und zehn Jahre alt. 1 Mos. 50, 22.

F. Was versicherte Joseph seine Brüder vor seinem Tode?

A. Daß Gott sie heimsuchen und aus dem Land führen werde in das Land, das Er Abraham, Isaak und Jakob geschworen habe. 1 Mos. 50, 24.

Moses wird im Schilf gefunden.

Zehnte Lektion.

F. Wie heißt das zweite Buch in der Bibel?

A. Erodus, d. h. Auszug, oder, das zweite Buch Mosis.

F. Von was erzählt das zweite Buch Mosis?

A. Von dem Auszug der Israeliten aus Egypten.

F. Was wird uns von dem neuen König in Egypten gesagt?

A. Er wußte nichts von Joseph. 2 Mos. 1, 8.

F. Wie behandelte er die Kinder Israels?

A. Sehr grausam.

F. Was that er zuerst, um ihre Vermehrung zu verhindern?

A. Er setzte Frohnvögte über sie, die sie mit schweren Diensten drücken sollten. 2 Mos. 1, 11.

F. Was gebot Pharao, daß mit allen neugebornen Söhnen der Israeliten geschehen solle?

A. Sie sollten in's Wasser geworfen werden. 2 Mos. 1, 22.

F. Wie hieß der Fluß, in den man sie werfen sollte?

A. Nil.

F. Wer befreite die Kinder Israels von der Egypter Joch?

A. Moses.

F. Wer waren seine Eltern?

A. Amram und Jochebed. 2 Mos. 6, 20.

F. Zu welchem Stamm gehörten sie?

A. Zu dem Stamm Levi. 2 Mos. 2, 1.

F. Wie lange wurde Moses von seiner Mutter verborgen?

A. Drei Monate. 2 Mos. 2, 2.

F. Was that sie, als sie ihn nicht länger verbergen konnte?

A. Sie machte ein Kästlein von Rohr, und legte das Kind drein. 2 Mos. 2, 3.

F. Wohin that sie das Kästlein?

A. In den Schilf am Ufer des Wassers.

F. Wer gab auf das Kind Acht?

A. Seine Schwester Miriam. 2 Mos. 2, 4.

F. Wer fand ihn aber?

A. Die Tochter Pharaos. 2 Mos. 2, 5.

F. Wem übergab sie das Kind zur Pflege?

A. Seiner Mutter. 2 Mos. 2, 8.

F. Was lernte Moses?

A. Er war gelehret in aller Weisheit der Egypter. Apostelg. 7, 22.

F. Was that Moses einem Egypter, den er einen Hebräer schlagen sah?

A. Er erschlug den Egypter. 2 Mos. 2, 12.

F. Wer waren die Hebräer?

A. Die Israeliten.

F. Was meinte Moses, daß seine Brüder vernehmen sollten?

A. Daß Gott durch seine Hand sie erlösen wolle. Apostelg. 7, 25.

F. Vernahmen sie das?

A. Nein.

F. Was wollte Pharao dem Moses thun dafür, daß er den Egypter erschlug?

A. Er trachtete nach Moses, daß er ihn erwürge. 2 Mos. 2, 15.

F. Was that Moses?

A. Er floh nach Midian. 2 Mos. 2, 15.

F. Wie alt war Moses zu der Zeit?

A. Vierzig Jahre alt. Apostelg. 7, 23.

F. Bei wem wohnte Moses in Midian?

A. Bei Jethro, dem Priester in Midian.

F. Wen heirathete er?

A. Zipora, Jethros Tochter. 2 Mos. 2, 21.

F. Wie hießen seine zwei Söhne?

A. Gerson und Elieser. 2 [Mos. 8, 3. 4.

Elfte Lektion.

F. Womit beschäftigte sich Moses in Midian?

A. Er hütete die Schafe Jethros. 2 Mos. 3, 1.

F. An welchen Berg trieb er seine Herde?

A. An den Berg Horeb.

F. Was sah Moses dort?

A. Einen feurigen Busch, der doch nicht verzehrt wurde. 2 Mos. 3, 2.

F. Was sagte Moses, als er den feurigen Busch sah?

A. Ich will dahin und sehen dies große Gesicht, warum der Busch nicht verbrennet. 2 Mos. 3, 3.

F. Wer rief nun Mose aus dem Busch?

A. Gott. 2 Mos. 3, 4.

F. Was that Moses, als Gott sich ihm offenbarte als der Gott Abrahams, Isaaks und Jakobs?

A. Moses verhüllte sein Angesicht. 2 Mos. 3, 6.

F. Warum?

A. Er fürchtete sich, Gott anzuschauen.

F. Warum war der HErr herniedergefahren?

A. Um sein Volk aus der Egypter Hand zu erretten. 2 Mos. 3, 8.

F. Zu wem wollte Er Moses senden?

A. Zu Pharao. 2 Mos. 3, 10.

F. Zu welchem Zweck schickte ihn Gott hin?

A. Daß er sein Volk, die Kinder Israels, aus Egypten führe.

F. Was sagte Moses zu Gott?

A. Wer bin ich, daß ich zu Pharao gehe? 2 Mos. 3, 11.

F. Was versprach ihm Gott?

A. Ich will mit dir sein. 2 Mos. 3, 12.

F. Wer, sollte Moses den Kindern Israels sagen, habe ihn geschickt?

A. Ich werde sein, der Ich sein werde. 2 Mos. 3, 14.

F. Welches war Moses zweite Entschuldigung, daß er nicht gehen könne?

A. Er sagte, die Israeliten würden ihm nicht glauben. 2 Mos. 4, 1.

F. Was that Gott, um ihn zu ermuthigen?

A. Wunder. 2 Mos. 4, 2–7.

F. Welche Entschuldigung brachte Moses dann?

A. Er sei nicht beredt. 2 Mos. 4, 10.

F. Wer, sagte Gott, sollte mit ihm gehen?

A. Aaron. 2 Mos. 4, 14.

F. Wie war Aaron mit Moses verwandt?

A. Er war sein Bruder.

Zwölfte Lektion.

F. Wo begegneten sich Moses und Aaron?

A. Am Berge Gottes. 2 Mos. 4, 27.

F. Wie heißt auch sonst dieser Berg?

A. Horeb.

F. Was thaten sie, nachdem Moses dem Aaron alle Worte des HErrn gesagt hatte?

A. Sie giengen hin, und versammelten alle Aeltesten der Kinder Israels. 2 Mos. 4, 29.

F. Was sagten sie ihnen?

A. Alle Worte, die der HErr mit ihnen geredet hatte. 2 Mos. 4, 30.

F. Was that das Volk, als es hörte, daß der HErr die Kinder Israels heimgesucht und ihr Elend angesehen hätte?

A. Sie neigten sich und beteten an. 2 Mos. 4, 31.

F. Welchen Auftrag vom HErrn richteten Moses und Aaron zuerst dem Pharao aus?

A. Laß Mein Volk ziehen, daß Mir's ein Fest halte in der Wüste. 2 Mos. 5, 1.

F. Was antwortete Pharao?

A. Wer ist der HErr, deß Stimme ich hören müsse und Israel ziehen lassen? 2 Mos. 5, 2.

F. Was erklärte er noch weiter?

A. Ich weiß Nichts von dem HErrn, will auch Israel nicht lassen ziehen. 2 Mos. 5, 2.

F. Wessen wurden die Kinder Israels beschuldigt?

A. Der Faulheit. 2 Mos. 5, 8.

F. Was ließ Pharao ihnen auferlegen?

A. Mehr Arbeit. 2 Mos. 5, 9.

F. Was versprach Gott dem Moses auf's Neue?

A. Das Volk auszuführen von ihren Lasten in Egypten. 2 Mos. 6, 6.

F. Warum konnten die Kinder Israels Moses nicht hören, als er ihnen das sagte?

A. Vor Seufzen und Angst und vor harter Arbeit. 2 Mos. 6, 9.

F. Wodurch verhieß Gott, die Israeliten aus Egypten zu erlösen?

A. Durch große Gerichte. 2 Mos. 6, 6.

F. Was sollten die Egypter erfahren?

A. Daß Er der HErr sei.

F. Welches Wunder geschah, als Moses und Aaron zum zweiten Male zu Pharao hineingiengen?

A. Aarons Stab wurde zur Schlange. 2 Mos. 7, 9.

Dreizehnte Lektion.

F. Wie viele Plagen kamen über die Egypter, ehe Pharao Israel ziehen ließ?

A. Zehn.

F. Welches war die erste Plage?

A. Das Wasser in Egypten ward in Blut verwandelt. 2 Mos. 7, 20.

F. Wie lang dauerte diese Plage?

A. Sieben Tage lang. 2 Mos. 7, 25.

F. Welches war die zweite Plage?

A. Frösche kamen über ganz Egyptenland. 2 Mos. 8, 2.

F. Was versprach Pharao, wenn der HErr die Frösche von ihm und seinem Volk nehme?

A. Israel ziehen zu lassen. 2 Mos. 8, 8.

F. Was that er, als diese Plage vorüber war?

A. Er verhärtete sein Herz. 2 Mos. 8, 15.

F. Welches war die dritte Plage?

A. Der Staub der Erde wurde in Läuse verwandelt. 2 Mos. 8, 16.

F. Was sagten die Zauberer in Egypten über diese Plage?

A. Das ist Gottes Finger. 2 Mos. 8, 19.

F. Welches war die vierte Plage?

A. Allerlei Ungeziefer. 2 Mos. 8, 21.

F. In welchem Theil Egyptens war kein Ungeziefer?

A. Im Lande Gosen. 2 Mos. 8, 22.

F. Was geschah, als Moses den HErrn gebeten hatte für Pharao?

A. Der HErr nahm das Ungeziefer hinweg. 2 Mos. 8, 31.

F. Welches war die fünfte Plage?

A. Allerlei Vieh der Egypter starb an der Pestilenz. 2 Mof. 9, 6.

F. Welches war die sechste Plage?

A. Schwarze Blattern an Menschen und am Vieh. 2 Mof. 9, 10.

F. Was bekannte Pharao nach der Plage des Hagels?

A. Ich habe diesmal mich versündigt. 2 Mof. 9, 27.

F. Was that aber Pharao, nachdem die Plage von ihm genommen wurde?

A. Er verhärtete sein Herz.

F. Welches war die achte Plage?

A. Heuschrecken bedeckten das Land. 2 Mof. 11, 12.

F. Welches war die neunte Plage?

A. Eine dicke Finsterniß in ganz Egypten. 2 Mof. 10, 22.

F. Wie lang dauerte die Finsterniß?

A. Drei Tage lang.

F. Wie war es bei den Kindern Israels?

A. Bei ihnen war es Licht in allen ihren Wohnungen. 2 Mof. 10, 23.

F. Welches war die letzte und schrecklichste Plage?

A. Der HErr schlug alle Erstgeburt in Egyptenland. 2 Mof. 12, 29.

F. Welches Fest wurde gestiftet zum Andenken an die Verschonung der Kinder Israels?

A. Das Passahfest. 2 Mof. 12, 26. 27.

F. Was für ein Opfer mußten die Kinder Israels bringen?

A. Ein Lamm. 2 Mof. 12, 3.

F. Wie wurde es gegessen?

A. Am Feuer gebraten, mit bittern Salzen und in der Eile. 2 Mof. 12, 8-11.

F. Auf welche Weise verließen die Israeliten Egypten?

A. Sie wurden hinausgestoßen. 2 Mof. 12, 39.

F. Wie viel Jahre war das, nachdem Abraham nach Egypten zog?

A. Vierhundert und dreißig Jahre. 2 Mof. 12, 41.

F. Wie lang nachdem Jakob hinkam?

A. Zweihundert und fünfzehn Jahre.

F. Wie groß war die Zahl der Kinder Israels, die aus Egypten zogen?

A. Wahrscheinlich ungefähr zwei Millionen.

Vierzehnte Lektion.

F. Welches war der nächste Weg von Egypten nach Canaan?

A. Durch der Philister Land. 2 Mos. 13, 17.

F. Auf welchen Weg führte aber Gott das Volk Israel?

A. Auf die Straße durch die Wüste am Schilfmeer. 2 Mos. 13, 18.

F. Warum führte sie Gott nicht auf den nächsten Weg?

A. Gott gedachte, es möchte das Volk gereuen, wenn sie den Streit sähen, und möchten wieder nach Egypten umkehren. 2 Mos. 13, 17.

F. Was nahm Moses mit sich aus Egypten?

A. Die Gebeine Josephs. 2 Mos. 13, 19.

F. Warum?

A. Weil es Joseph verlangt hatte. 1 Mos. 50, 25.

F. Wodurch leitete Gott die Israeliten bei Tag?

A. Durch eine Wolkensäule. 2 Mos. 13, 21.

F. Wodurch bei Nacht?

A. Durch eine Feuersäule.

F. Was that Pharao, als er hörte, daß das Volk geflohen sei? [Mos. 14, 8.

A. Er jagte ihnen nach. 2

F. Wie gieng es den Kindern Israels, als sie die Egypter sahen?

A. Sie fürchteten sich sehr. 2 Mos. 14, 10.

F. Zu wem schrieen sie um Hilfe?

A. Zum HErrn.

F. Wodurch waren die Egypter von den Israeliten während der Nacht getrennt?

A. Durch die Wolkensäule. 2 Mos. 14, 20.

F. Wie erschien sie den Egyptern?

A. Als eine finstre Wolke.

F. Wie den Israeliten?

A. Sie erleuchtete die Nacht für sie. 2 Mos. 14, 20.

F. Was befahl Gott Moses zu thun?

A. Seine Hand über das Meer zu recken, daß sich die Wasser von einander theilten. 2 Mos. 14, 21.

F. Wie giengen die Israeliten dann durch das Meer?

A. Auf dem Trockenen. 2 Mos. 14, 24.

F. Was thaten die Egypter?

A. Sie folgten ihnen bis mitten in's Meer. 2 Mos. 14, 23.

F. Wie gieng es ihnen aber?

A. Das Wasser bedeckte sie alle, daß nicht Einer aus ihnen überblieb. 2 Mos. 14, 28.

F. Wie dankten die Israeliten für ihre Befreiung?

A. Mit einem Lobgesang. 2 Mos. 15, 1.

F. Wie lang wanderten die Kinder Israels vom Schilfmeer aus in der Wüste ohne Wasser?

A. Drei Tage lang. 2 Mos. 15, 22.

F. Wohin kamen sie dann?

A. Nach Mara. 2 Mos. 15, 23.

F. Wie war das Wasser zu Mara?

A. Es war bitter.

F. Wie ward es süß gemacht?

A. Der HErr weisete Moses einen Baum, den that er in's Wasser. 2 Mos. 15, 25.

F. Wohin kamen sie von Mara?

A. Nach Elim. 2 Mos. 15, 27.

F. Was fanden sie dort?

A. Zwölf Wasserbrunnen, und siebenzig Palmbäume. 2 Mos. 15, 27.

F. In welche Wüste kamen die Kinder Israels von Elim aus?

A. In die Wüste Sin. 2 Mos. 16, 1.

F. Was thaten die Kinder Israels dort?

A. Die ganze Gemeinde murrte wider Moses und Aaron. 2 Mos. 16, 12.

F. Warum, sagten sie, habe sie Moses aus Egypten geführt?

A. Daß sie Hungers stürben. 2 Mos. 16, 3.

F. Auf welche Weise gab ihnen Gott Fleisch?

A. Er schickte Wachteln. 2 Mos. 16, 13.

F. Wie bekamen sie Brod?

A. Gott gab ihnen das Manna. 2 Mos. 16, 15.

F. Wie sah das Manna aus, und wie schmeckte es?

A. Es war wie Coriandersamen und weiß, und hatte einen Geschmack wie Semmel mit Honig. 2 Mos. 16, 31.

F. Wo fanden es die Israeliten?

A. Auf der Erde. 2 Mos. 16, 14.

F. Wie oft sammelten sie es?

A. Jeden Morgen, ausgenommen am Sabbath. 2 Mos. 16, 26.

F. Auf welche Weise bekamen sie dann Brod für den Sabbath?

A. Am sechsten Tage sammelten sie des Brodes zwiefältig. 2 Mos. 16, 22.

F. Zu welchem Zweck behielten sie ein Gomor mit Manna?

A. Um es ihren Nachkommen zu zeigen. 2 Mos. 16, 32.

F. Wie lang aßen die Kinder Israels Manna?

A. Vierzig Jahre lang. 2 Mos. 26, 35.

Fünfzehnte Lektion.

F. Wie gieng es dem Volk Israel in Raphidim?

A. Sie hatten kein Wasser. 2 Mof. 17, 1.

F. Gegen wen murrten sie?

A. Gegen Moses. 2 Mof. 17, 3.

F. Welches Mittel gab Gott dem Moses an, um Wasser zu bekommen?

A. Er sollte einen Fels in Horeb schlagen. 2 Mof. 17, 6.

F. Wer stritt wider Israel in Raphidim?

A. Amalek. 2 Mof. 17, 8.

F. Wer war der Anführer der Israeliten?

A. Josua. 2 Mof. 17, 9.

F. Welcher von beiden Theilen siegte?

A. Die Israeliten. 2 Mof. 17, 13.

F. Wer besuchte den Moses in Raphidim?

A. Sein Schwiegervater, seine Söhne, und sein Weib. 2 Mof. 18, 5.

F. Was erzählte Moses dem Jethro?

A. Alles, was der HErr Pharao und den Egyptern gethan hatte. 2 Mof. 18, 8.

F. Worüber freute sich Jethro?

A. Ueber alles das Gute, das der HErr Israel gethan hatte. 2 Mof. 18, 9.

F. Was für Leute empfahl Jethro zu Richtern?

A. Redliche Leute, die Gott fürchten, wahrhaftig, und dem Geiz feind sind. 2 Mof. 18, 21.

F. Wo lagerte sich das Volk, nachdem sie Raphidim verließen?

A. Vor dem Berge Sinai. 2 Mof. 19, 2.

F. Welche Verheißung gab ihnen Gott unter der Bedingung, daß sie seiner Stimme gehorchten?

A. Sie sollten sein Eigenthum sein. 2 Mof. 19, 5.

F. Was versprach das Volk?

A. Alles, was der HErr geredet hat, wollen wir thun. 2 Mof. 19, 8.

F. Wo wurde das Gesetz gegeben?

A. Auf dem Berge Sinai. 2 Mof. 19, 20.

F. Wo stand das Volk während der Gesetzgebung?

A. Am Fuß des Berges. 2 Mof. 19, 17.

F. Wie sah der Berg alsdann aus?

A. Er war mit Rauch bedeckt. 2 Mof. 19, 18.

F. Wie viel Gebote gab Gott den Kindern Israels?

A. Zehn.

F. Wie heißt das erste Gebot?

A. Du sollst keine andere Götter neben mir haben. 2 Mof. 20, 3.

F. Wie heißt das zweite Gebot?

A. Du sollst dir kein Bildniß, noch irgend ein Gleichniß machen weder deß, das oben im Himmel, noch deß, das unten auf Erden, oder deß, das im Wasser unter der Erde ist. Bete sie nicht an, und diene ihnen nicht; denn Ich, der HErr, dein Gott, bin ein eifriger Gott, der da heimsuchet der Väter Missethat an den Kindern bis in das dritte und vierte Glied, die Mich hassen, und thue Barmherzigkeit an vielen Tausenden, die Mich lieb haben und meine Gebote halten. 2 Mof. 20, 4–6.

F. Wie heißt das dritte Gebot?

A. Du sollst den Namen des HErrn, deines Gottes, nicht mißbrauchen; denn der HErr wird den nicht ungestraft lassen, der seinen Namen mißbraucht. 2 Mof. 20, 7.

F. Wie heißt das vierte Gebot?

A. Gedenke des Sabbathtags, daß du ihn heiligest; sechs Tage sollst du arbeiten, und alle deine Dinge beschicken; aber am siebenten Tag ist der Sabbath des HErrn deines Gottes; da sollst du kein Werk thun, noch dein Sohn, noch deine Tochter, noch dein Knecht, noch deine Magd, noch dein Vieh, noch dein Fremdling, der in deinen Thoren ist; denn in sechs Tagen hat der HErr Himmel und Erde gemacht und das Meer und Alles, was darinnen ist, und ruhete am siebenten Tag. Darum segnete der HErr den Sabbathtag und heiligte ihn. 2 Mof. 20, 8–11.

F. Wie heißt das fünfte Gebot?

A. Du sollst deinen Vater und deine Mutter ehren, auf daß du lange lebest im Lande, das dir der HErr, dein Gott, giebt. 2 Mof. 12.

F. Wie heißt das sechste Gebot?

A. Du sollst nicht tödten. 2 Mof. 20, 13.

F. Wie heißt das siebente Gebot?

A. Du sollst nicht ehebrechen. 2 Mof. 20, 14.

F. Wie heißt das achte Gebot?

A. Du sollst nicht stehlen. 2 Mof. 20, 15.

F. Wie heißt das neunte Gebot?

A. Du sollst nicht falsch Zeugniß reden wider deinen Nächsten. 2 Mof. 20, 16.

F. Wie heißt das zehnte Gebot?

A. Laß dich nicht gelüsten deines Nächsten Hauses. Laß

dich nicht gelüsten deines Nächsten Weib, noch seines Knechts, noch seiner Magd, noch seines Ochsen, noch seines Esels, noch Alles, was dein Nächster hat. 2 Mos. 20, 17.

F. Was that das Volk, als sie den Donner und Blitz vernahmen?

A. Sie flohen und traten von ferne. 2 Mos. 20, 18.

F. Wohin gieng Moses?

A. In das Dunkel, da Gott inne war. 2 Mos. 20, 21.

F. Auf welche Weise wurde der übrige Theil des Gesetzes gegeben?

A. Der HErr sagte es Moses, und Moses erzählte es dem Volk, und schrieb auf alle Worte des HErrn. 2 Mos. 24, 3. 4.

Sechzehnte Lektion.

F. Wie oft sollten die Israeliten im Jahr Fest halten?

A. Dreimal. 2 Mos. 23, 14.

F. Welches war das erste Fest?

A. Das Fest der ungesäuerten Brode oder das Passahfest. 2 Mos. 23, 15.

F. Welches war das zweite Fest?

A. Das Ernte- oder Pfingstfest. 2 Mos. 23, 16.

F. Welches war das dritte?

A. Das Fest der Einsammlung oder das Laubhüttenfest. 2 Mos. 23, 16.

F. Wen wollte Gott vor dem Volke Israel herschicken in's Land Canaan?

A. Seinen Engel. 2 Mos. 23, 20.

F. Wie lang blieb Moses auf dem Berg bei Gott?

A. Vierzig Tage lang. 2 Mos. 24, 18.

F. Wovon zeigte ihm Gott dort ein Vorbild?

A. Von der Stiftshütte und all ihrem Geräthe. 2 Mos. 25, 9.

F. In wie viel Theile sollte die Stiftshütte eingetheilt werden?

A. In zwei.

F. Wie hieß der östliche Theil?

A. Das Heilige. 2 Mos. 26, 33.

F. Wie der westliche Theil?

A. Das Allerheiligste.

F. Wer richtete den Gottesdienst aus in dem Heiligen?

A. Die Priester. Hebr. 9, 6.

F. Wer nur durfte in das Allerheiligste gehen?

A. Der Hohepriester. Hebr. 9, 7.

F. Wie oft?

A. Einmal des Jahres.

F. Was war die Bundeslade?

A. Eine Art Kiste von Förenholz mit Gold überzogen. 2 Mos. 24, 10. 11.

F. Wo stand sie?

A. Im Allerheiligsten. Hebr. 11, 4; 2 Mos. 26, 33.

F. Wer war der erste levitische Priester?

A. Aaron. 2 Mos. 28, 1.

F. Welche Sünde begingen die Israeliten, während Moses auf dem Berge Sinai war?

A. Sie machten ein goldenes Kalb und beteten es an. 2 Mos. 32, 1–4.

F. Wo trieb das Volk zuerst Götzendienst?

A. In Egypten.

F. Was hatte Moses in seiner Hand, als er vom Berg herabkam?

A. Zwei steinerne Tafeln. 2 Mos. 32, 15.

F. Was hatte Gott darauf geschrieben?

A. Die zehn Gebote.

F. Was that Moses, als er das Kalb und den Reigen sah?

A. Er ergrimmte mit Zorn und warf die Tafeln aus seiner Hand und zerbrach sie. 2 Mos. 33, 19.

F. Was that er mit dem goldenen Kalb?

A. Er verbrannte es mit Feuer, und zermalmte es zu Pulver. 2 Mos. 33, 20.

F. Was sagte Moses darauf?

A. Wer dem HErrn angehöre, solle zu ihm kommen.

F. Wer versammelte sich nun zu ihm?

A. Die Kinder Levi. 2 Mos. 33, 26.

F. Wie viele von dem Volk wurden von den Kindern Levi erschlagen?

A. Drei tausend Mann. 2 Mos. 33, 28.

F. Wie wurden die zerbrochenen Tafeln ersetzt?

A. Moses machte zwei neue Tafeln, wie die ersten waren, und Gott schrieb die Gebote darauf. 2 Mos. 34, 1.

F. Wie lang war Moses zum zweiten Mal auf dem Berg bei Gott?

A. Vierzig Tage und vierzig Nächte lang. 2 Mos. 34, 28.

F. Wie war sein Angesicht, als er vom Berg kam?

A. Es glänzte. 2 Mos. 34, 29.

F. Wie gieng es den Kindern Israels, als sie das sahen?

A. Sie fürchteten sich, ihm zu nahen. 2 Mos. 34, 30.

F. Was legte Moses auf sein Angesicht, wenn er mit ihnen redete?

A. Eine Decke. 2 Mos. 34, 33.

Siebzehnte Lektion.

F. Wie heißt das dritte Buch in der Bibel?

A. Leviticus, oder das dritte Buch Mosis. [sächlich?

F. Was enthält es haupt-

A. Gesetze, die den Leviten gegeben wurden.

F. Wer waren Nadab und Abihu?

A. Die Söhne Aarons. 3 Mos. 10, 1.

F. Welcher Sünde machten sie sich schuldig?

A. Sie brachten fremdes Feuer vor den HErrn.

F. Was meint das?

A. Ein solches Feuer, das ihnen Gott nicht geboten hatte.

F. Wie strafte sie Gott dafür?

A. Ein Feuer fuhr aus und zerstörte sie, daß sie starben vor dem HErrn. 3 Mos. 10, 2.

F. Was geschah dem Sohn der Selomith dafür, daß er den Namen des HErrn fluchte und lästerte?

A. Er wurde gesteinigt. 3 Mos. 24, 16.

F. Wie heißt das vierte Buch in der Bibel?

A. Numerus, oder das vierte Buch Mosis.

F. Wo wurden die Israeliten zum ersten Mal gezählt?

A. In der Wüste Sinai. 4 Mos. 1, 1.

F. Welcher Stamm wurde nicht gezählt?

A. Der Stamm Levi. 4 Mos. 1, 49.

F. Wie wußten die Kinder Israels, wann sie ziehen sollten?

A. Die Wolke erhob sich von der Hütte des Stifts, dann zogen sie. 4 Mos. 9, 21.

F. Was zog vor ihnen her?

A. Die Lade des Bundes. 4 Mos. 10, 33.

F. Zu welchem Zweck?

A. Um ihnen zu weisen, wo sie ruhen sollten.

F. Was sagte Moses, wenn sich die Lade erhob?

A. HErr, stehe auf, laß deine Feinde zerstreuet werden. 2 Mos. 10, 35.

F. Was sagte er, wenn die Lade ruhte?

A. Komm wieder, HErr, zu der Menge der Tausend Israel. 4 Mos. 10, 36.

F. Wo murrte das Volk auf's Neue?

A. In Tabeera. 4 Mos. 11, 3.

F. Wie wurden sie gestraft dafür?

A. Das Feuer des HErrn ward unter ihnen angezündet. 4 Mos. 11, 1.

F. Auf die Bitte von wem verschwand das Feuer?

3

A. Auf die Bitte Mosis. 4 Mos. 11, 2.

F. Wie betrug sich das Volk bei den Lustgräbern?

A. Sie waren lüstern geworden nach Fleisch. 4 Mos. 11, 4.

F. Was für Fleisch gab ihnen Gott?

A. Wachteln. 4 Mos. 11, 31.

F. Womit wurde das Volk geschlagen, während es noch aß?

A. Mit einer sehr großen Plage. 4 Mos. 11, 33.

F. Wohin zog das Volk von den Lustgräbern?

A. Nach Hazeroth. 4 Mos. 12, 35.

F. Gegen wen murrten Aaron und Mirjam in Hazeroth?

A. Gegen Moses. 4 Mos. 12, 1.

F. Warum?

A. Darum, daß er eine Mohrin zum Weibe genommen hatte. 4 Mos. 12, 1.

F. Wie wurde Mirjam dafür gestraft?

A. Sie wurde aussätzig, wie der Schnee. 4 Mos. 12, 10.

F. Wo lagerten sich die Israeliten darnach?

A. In Kades. 4 Mos. 13, 26.

F. In welcher Wüste?

A. In der Wüste Paran.

F. Wie viele Männer wurden von Kades ausgesandt, um das Land Canaan zu erkunden?

A. Zwölf. 4 Mos. 13, 2.

F. Wie lang brauchten sie, um das Land zu erkunden?

A. Vierzig Tage. 4 Mos. 13, 26.

F. Was brachten sie mit sich zurück?

A. Von den Früchten des Landes. 4 Mos. 13, 24.

F. Was sagten sie über das Land?

A. Daß Milch und Honig darinnen fließe. 4 Mos. 13, 28.

F. Was über die Einwohner des Landes?

A. Sie seien ein starkes Volk. 4 Mos. 13, 29.

F. Welcher von den Kundschaftern empfahl, das Land einzunehmen?

A. Caleb. 4 Mos. 13, 31.

F. Warum?

A. Weil sie es überwältigen könnten.

F. Wer theilte diese Meinung mit Caleb?

A. Josua. 4 Mos. 14, 6. 7.

F. Warum glaubten die andern Kundschafter nicht, daß sie das Land einnehmen könnten?

A. Weil das Volk zu stark sei. 4 Mos. 13, 32.

F. Was für ein Gerücht brachten sie dadurch unter die Kinder Israels?

A. Ein böses Gerücht. 4 Mos. 13, 33.

F. Wie nahm das Volk Israel diese Nachricht auf?

A. Sie schrieen und weinten. 4 Mos. 14, 1.

F. Welchen Vorschlag machten sie dann?

A. Einen Hauptmann zu erwählen und wieder nach Egypten zu ziehen. 4 Mos. 14, 2.

F. Wer versuchte, den Aufstand zu unterdrücken?

A. Josua und Caleb. 4 Mos. 14, 6.

F. Was verlangte das Volk, daß man ihnen dafür thun solle?

A. Man sollte sie steinigen. 4 Mos. 14, 10.

F. Welches Gericht hat dann Gott über dieses Geschlecht ausgesprochen?

A. Daß keiner der Männer, die seine Herrlichkeit und seine Zeichen gesehen haben in Egypten und in der Wüste, das Land Canaan sehen sollten, außer Josua und Caleb. 4 Mos. 4, 22-24.

F. Wie lange mußten dann die Kinder Israels in der Wüste bleiben?

A. Vierzig Jahre lang. 4 Mos. 14, 33.

F. Wie gieng es den Kundschaftern, die dem Lande ein böses Geschrei gemacht hatten?

A. Sie starben durch die Plage. 4 Mos. 14, 36.

Achtzehnte Lektion.

F. Was geschah dem Manne, der am Sabbath Holz auflas?

A. Er wurde gesteinigt. 4 Mos. 15, 36.

F. Wie hießen die Männer, die sich mit Korah empörten?

A. Dathan, Abiram und On. 4 Mos. 16, 1.

F. Wie viele der Vornehmsten in der Gemeinde waren noch dabei?

A. Zweihundert und fünfzig. 4 Mos. 16, 2.

F. Wessen beschuldigten sie Mose und Aaron?

A. Daß sie sich über die Gemeinde des HErrn erhöben. 4 Mos. 16, 3.

F. Wie gieng es Korah, Dathan, Abiram und On?

A. Die Erde that ihren Mund auf und verschlang sie. 4 Mos. 16, 32.

F. Welches Gericht kam über die übrigen zweihundert und fünfzig Mann?

A. Das Feuer fuhr aus von dem Herrn und verzehrte sie. 4 Mos. 16, 35.

F. Was sagten die Kinder Israel am folgenden Morgen zu Mose und Aaron?

Moses schlägt Wasser aus dem Felsen.

A. Ihr habt des HErrn Volk getödtet. 4 Mos. 16, 41.

F. Wie wurden sie dafür gestraft?

A. Sie kamen durch die Plage um. 4 Mos. 16, 46. 47.

F. Wie viele starben daran?

A. Vierzehn tausend und sieben hundert Menschen. 4 Mos. 16, 49.

F. Wer versöhnte das Volk?

A. Aaron. 4 Mos. 16, 47.

F. Wo starb Mirjam?

A. Zu Kades. 4 Mos. 20, 1.

F. Woran mangelte dem Volk in Kades?

A. An Wasser. 4 Mos. 20, 2.

F. Welches Mittel gab Gott Mose an, um Wasser zu bekommen?

A. Er sollte mit einem Felsen in Horeb sprechen. 4 Mos. 20, 8.

F. Was that Moses anstatt dessen?

A. Er schlug den Felsen zwei Mal. 4 Mos. 20; 11.

F. Was erreichte Moses dadurch?

A. Es kam viel Wasser heraus.

F. Welche Sünde luden hier Moses und Aaron auf sich?

A. Die des Unglaubens, daß sie den HErrn nicht heiligten vor den Kindern Israels. 4 Mos. 20, 12.

F. Wie wurden sie dafür gestraft?

A. Sie durften das Volk nicht in das verheißene Land bringen. 4 Mos. 20, 12.

F. Was bat Moses von dem König zu Edom?

A. Daß er sie durch sein Land ziehen lasse. 4 Mos. 20, 17.

F. Welche Antwort gab der darauf?

A. Du sollst nicht durch mein Land ziehen. 4 Mos. 20, 18.

F. Was thaten die Israeliten nun?

A. Sie wichen von ihnen. 4 Mos. 20, 21.

F. Wo starb Aaron?

A. Auf dem Berge Hor. 4 Mos. 20, 28.

F. Wie alt war er?

A. Hundert und drei=und=zwanzig Jahre alt. 4 Mos. 33, 39.

F. Wer war Aarons Nach=folger als Hohepriester?

A. Sein Sohn Eleasar. 4 Mos. 20, 28.

F. Wie lang trauerte das Volk um Aaron?

A. Dreißig Tage lang. 4 Mos. 20, 29.

Neunzehnte Lektion.

F. Wie beklagten sich die Israeliten über das Manna?

A. Sie sagten: uns ekelt über dieser losen Speise. 4 Mos. 21, 5.

F. Wie wurden sie dafür gestraft?

A. Der HErr sandte feu=rige Schlangen unter das Volk, die bissen sie, daß Viele von Israel starben. 4 Mos. 21, 6.

F. Was erkannten sie nun?

A. Daß sie gesündigt hat=ten. 4 Mos. 21, 7.

F. Was sagten sie zu Mo=ses?

A. Bitte den HErrn, daß Er die Schlangen von uns nehme. 4 Mos. 21, 7.

F. Was ließ dann Gott durch Moses machen?

A. Eine eherne Schlange. 4 Mos. 21, 8.

F. Was sollte er damit thun?

A. Er sollte sie aufrichten.

F. Zu welchem Zweck?

A. Daß, wer gebissen sei, und sehe sie an, lebe.

F. Von wem war die eherne Schlange ein Vorbild?

A. Von Christo.

F. Was sagte der HErr Jesus über die Schlange?

A. Gleichwie Moses in der Wüste eine Schlange erhöhet hat, also muß des Menschen Sohn auch erhöhet werden, auf daß Alle, die an Ihn glau=ben, nicht verloren werden, son=dern das ewige Leben haben. Joh. 3, 14. 15.-

F. Was geschah später mit der ehernen Schlange?

A. Sie wurde zerstört von dem König Hiskia. 2 Könige [18, 4.

F. Warum?

A. Weil das Volk Israel ihr geräuchert hatte.

F. Welche Botschaft schickte Israel an den König Sihon?

A. Laß uns durch dein Land ziehen. 4 Mos. 21, 22.

F. Zu welchem Volke ge=hörte Sihon?

A. Zu den Amoritern.

F. Ließ er das Volk durchziehen?

A. Nein. 4 Mos. 21, 23.

F. Was that er vielmehr?

A. Er zog aus und stritt wider Israel in Jahza. [aus?

F. Wie gieng der Streit

A. Israel schlug Sihon mit der Schärfe des Schwerts. 4 Mos. 21, 24.

F. Wer stritt mit Israel in Edrei?

A. Og. 4 Mos. 21, 33.

F. Wer war Og?

A. Der König von Basan.

F. Wie gieng es ihm im Streit?

A. Er wurde geschlagen mit all seinem Volk. 4 Mos. 21, 35.

Bileam begegnet dem Engel.

Zwanzigste Lektion.

F. In der Nähe welches Flußes schlugen die Israeliten dann ihr Lager auf?

A. In der Nähe des Jordan. 4 Mos. 22, 1.

F. Wo?

A. In dem Gefilde Moab gegen Jericho.

F. Wie wurde das von den Moabitern aufgenommen?

A. Sie fürchteten sich sehr, und es graute ihnen vor den Kindern Israel. 4 Mos. 22, 3.

F. Wer war der Moabiter König?

A. Balak. 4 Mos. 22, 4.

F. Zu welchem falschen Propheten schickte Balak Boten?   [22, 5.

A. Zu Bileam. 4 Mos.

F. Was verlangte er von ihm?

A. Zu kommen und Israel zu fluchen. 4 Mos. 22, 6.

F. Was sagte Balak von den Israeliten?

A. Sie seien ihm zu mächtig.

F. Warum gieng Bileam nicht mit den Boten?

A. Weil es ihm der HErr nicht gestattete. 4 Mos. 22, 13.

F. Was versprach Balak dem Bileam, als er zum zweiten Mal zu ihm schickte?

A. Er wolle ihn hoch ehren. 4 Mos. 22, 17.

F. Was antwortete aber Bileam darauf?

A. Er könne das Wort des HErrn nicht übergehen, auch wenn ihm Balak sein Haus voll Silber und Gold gebe. 4 Mos. 22, 18.

F. Wer stand in Bileams Weg, als er dann doch gieng?

A. Der Engel des HErrn. 4 Mos. 22, 22.

F. Warum war Gott zornig über Bileam?

A. Weil er aus unrechten Gründen hinzog.

F. Durch wen wurde ihm gewehrt hinzuziehen?

A. Durch eine Eselin, die mit Menschenstimme redete. 2 Petri 2, 15, 16.

F. Welches Todes wünschte Bileam zu sterben?

A. Des Todes der Gerechten. 4 Mos. 23, 10. [Gott?

F. Was sagte Bileam von

A. Gott ist nicht ein Mensch, daß Er lüge. 4 Mos. 23, 19.

F. Was empfand Balak, als er sah, daß Bileam Israel segnete?

A. Er ergrimmte im Zorn wider Bileam. 4 Mos. 24, 10.

F. Was sagte er zu ihm?

A. Ich habe dich gefordert, daß du meinen Feinden fluchen solltest.

F. Was hatte Bileam anstatt dessen gethan?

A. Er hatte sie dreimal gesegnet. 4 Mos. 24, 10.

F. Auf wen sprach Bileam eine Weissagung aus?

A. Auf Christum. 4 Mos. 24, 17.

F. Welches Ende nahm Bileam?

A. Er wurde von den Israeliten erschlagen.

F. Welche Sünde begiengen die Israeliten in der Ebene Moab?

A. Sie beteten die Götter der Moabiter an. 4 Mos. 25, 2.

F. Wie strafte sie Gott für diese Sünde?

A. Mit der Plage. 4 Mos. 25, 8.

F. Wie viele starben an der Plage?

A. Vier-und-zwanzig tausend. 4 Mos. 25, 9.

F. Wo wurden die Israeliten zum zweiten Mal gezählt?

A. Auf dem Gefilde der Moabiter. 4 Mos. 26, 3.

F. Waren sie mehr oder weniger geworden seit der letzten Zählung?

A. Sie waren weniger geworden.

F. Um wie viel?

A. Beinahe um zwei tausend. 4 Mos. 2, 32 u. 26. 51.

Ein-und-zwanzigste Lektion.

F. Welche Stämme ließen sich auf der östlichen Seite vom Jordan nieder?

A. Ruben, Gad und halb Manasse. 5 Mos. 3, 12. 13.

F. Unter welcher Bedingung wurde ihnen erlaubt, sich dort anzusiedeln?

A. Unter der Bedingung, daß sie ihren Brüdern bei der Eroberung Canaans helfen würden. 5 Mos. 3, 18–20.

F. Warum stieg Moses auf das Gebirge Pisga vor seinem Tode?

A. Um das gelobte Land zu sehen. 5 Mos. 3, 27.

F. Wo starb Moses?

A. Auf dem Berge Nebo.

F. In welchem Lande?

A. Im Lande der Moabiter. 5 Mos. 34, 5.

F. Was wird uns von seinem Grabe gesagt?

A. Niemand hat sein Grab erfahren bis auf den heutigen Tag. 5 Mos. 34, 6.

F. Wie alt war Moses, als er starb?

A. Hundert und zwanzig Jahre alt. 5 Mos. 34, 7.

F. Wo brachte er die ersten vierzig Jahre seines Lebens zu?

A. In Egypten.

F. Wo die zweiten?

A. In Midian.

F. Wo die dritten?

A. In der Wüste.

F. Wie lang beweinten die Kinder Israel Moses?

A. Dreißig Tage lang. 5 Mos. 34, 8.

F. Welches war einer der Hauptzüge in Moses Charakter?

A. Treue. 5 Mos. 12, 7; Hebr. 3, 2.

F. Welche Bücher der heiligen Schrift hat er verfaßt?

A. Die fünf Bücher Mosis.

F. Wie heißen diese manchmal mit Einem Wort?

A. Der Pentateuch.

Zwei=und=zwanzigste Lektion.

F. Wer war Moses Nachfolger als Anführer des Volks Israel?

A. Josua. Jos. 1, 1. 2.

F. Mit welchen Worten ermuthigte Gott den Josua beim Antritt seines Amtes?

A. Sei getrost und unverzagt: Ich will dich nicht verlassen, noch von dir weichen. Jos. 1, 5. 6.

F. Warum schickte Josua Männer über den Jordan?

A. Um Jericho und das Land zu besehen. Jos. 2, 1.

F. Wo kehrten sie ein?

A. Bei der Rahab.

F. Wie gieng das Volk über den Jordan?

A. Trockenen Fußes. Jos. 3, 17.

F. Wo lagerten sie sich?

A. In Gilgal. Jos. 4, 19.

F. Welches Fest feierten sie dort?

A. Das Passahfest. Jos. 5, 10.

F. Wann hörte die Gabe des Manna auf?

A. Als die Kinder Israels nach Canaan kamen. Jos. 5, 12.

F. Welches war die erste Stadt, die die Israeliten in Canaan einnahmen?

A. Jericho. Jos. 6, 20.

F. Wie viel Tage lang giengen die Israeliten um die Stadt Jericho herum?

A. Sieben. Jos. 6, 14. 15.

F. Was wurde vor ihnen hergetragen?

A. Die Bundeslade. Jos. 6, 13.

F. Wer gieng vor der Bundeslade her?

A. Sieben Priester.

F. Was trugen sie?

A. Die sieben Halljahrsposaunen.

F. Was thaten sie damit?

A. Sie bliesen sie.

F. Was geschah am siebenten Tag?

A. Die Priester bliesen die Posaunen, das Volk machte ein Feldgeschrei, und die Mauern Jerichos fielen. Jos. 6, 20.

F. Was geschah den Einwohnern von Jericho?

A. Sie wurden geschlagen mit der Schärfe des Schwerts. Jos. 6, 21.

F. Wen aber ließ Josua [leben?

A. Rahab und ihres Vaters Haus. Jos. 6, 25.

F. Warum wurde Rahab gerettet?

A. Weil sie die Kundschafter freundlich aufgenommen hatte.

F. Wer half Josua?

A. Der HErr war mit Josua. Jos. 6, 27.

F. Welche Stadt belagerten die Israeliten dann?

A. Die Stadt Ai. Jos. 7, 3.

F. Was war der Erfolg ihres ersten Angriffs auf Ai?

A. Sie wurden geschlagen. Jos. 7, 5.

F. Auf welche Weise drückte Josua seinen Schmerz darüber aus?

A. Er zerriß seine Kleider, fiel auf sein Angesicht zur Erde und betete. Jos. 7, 6.

F. Was gab ihm Gott als den Grund dieser Niederlage an?

A. Israel hat sich versündigt. Jos. 7, 11.

F. Wer hatte von dem Verbannten genommen?

A. Achan.

F. Was hatte er genommen?

A. Einen babylonischen Mantel, zwei hundert Seckel Silbers, und eine goldene Zunge. Jos. 7, 21.

F. Was geschah Achan und seiner Familie?

A. Sie wurden gesteinigt und verbrannt. Jos. 7, 25.

F. Wie gieng es, als Israel Ai zum zweiten Mal angriff?

A. Sie nahmen es ein und brannten die Stadt nieder. Jos. 8, 28.

F. Wo baute Josua dem HErrn einen Altar?

A. Auf dem Berge Ebal. Jos. 8, 30.

F. Was las er dann dem Volke vor?

A. Alle Worte des Gesetzes. Jos. 8, 34.

F. Was thaten die Fürsten von Canaan, als sie von der Zerstörung Jerichos und Ais hörten?

A. Sie sammelten sich einträchtiglich zu Hauf, daß sie wider Josua und wider Israel stritten. Jos. 9, 2.

F. Wie betrogen die Gibeoniter den Josua?

A. Sie gaben vor, daß sie aus fernen Landen kämen. Jos. 9, 4.

F. Was that Josua?

A. Er machte einen Bund mit ihnen, daß sie leben bleiben sollten. Jos. 9, 15.

F. Wie lang nachher erfuhren die Israeliten, daß sie ihre Nachbarn seien?   [9, 16.

A. Drei Tage nachher. Jos.

F. Warum schlugen sie sie dann nicht?

A. Weil ihnen die Obersten der Gemeinde geschworen hatten bei dem HErrn, dem Gott Israels. Jos. 19, 18.

F. Welcher Fluch wurde aber auf sie gelegt?

A. Sie wurden zu Holzhauern und Wasserträgern gemacht. Jos. 9, 23.

F. Wer fieng nun Krieg mit ihnen an?

A. Die fünf Könige der Amoriter. Jos. 10, 5.

F. Warum?

A. Weil sie Frieden gemacht hatten mit den Kindern Israels. Jos. 10, 6.

F. Was ließen die Gibeoniter dem Josua sagen?

A. Komm zu uns herauf eilend, rette und hilf uns. Jos. 10, 6.

F. Wie gieng es nun den Amoritern?

A. Sie wurden geschlagen von den Kindern Israel. Jos. 10, 10.			[Josua?

F. Welches Wunder that

A. Er befahl Sonne und Mond, daß sie stille standen. Jos. 10, 12.

F. Wie lang standen sie still?

A. Einen ganzen Tag lang. Jos. 10, 13.

F. Warum heißt es, die Sonne stand still, während wir doch wissen, daß sie sich nie bewegt?

A. Weil wir im gewöhnlichen Leben uns dieser Ausdrucksweise bedienen.

F. Wer stritt für Israel?

A. Der HErr. Jos. 10, 14.

F. Was geschah mit den fünf Königen der Amoriter?

A. Sie wurden aufgehenkt. Jos. 10, 26,

Drei-und-zwanzigste Lektion.

F. Wer war Jabin?

A. König von Hazor. Jos. 11, 1.

F. Wozu versammelte er mehrere Könige?

A. Um mit Israel zu streiten. Jos. 11, 5.

F. Wo lagerten sich diese Könige?

A. An dem Wasser Merom.

F. Wie gieng es ihnen?

A. Sie wurden von den Israeliten geschlagen. Jos. 11, 8.

F. Wie viele Könige besiegten die Israeliten?

A. Ein-und-dreißig. Jos. 12, 24.

F. Auf welche Weise sollte Josua das Land Canaan austheilen?

A. Durch das Loos.

F. Unter wie viele Stämme wurde das Land durch's Loos vertheilt?

A. Unter neun und einen halben. Jos. 13, 7.

F. Warum nicht unter zwölf Stämme?

A. Weil Moses den Rubenitern, den Gaditern, und dem halben Stamme Manasse ihr Erbtheil jenseits des

Jordans gegeben hatte. Jos. 13, 8.

F. Welchem Stamme ward kein Erbtheil gegeben?

A. Dem Stamm Levi. Jos. 13, 33.

F. Woher bekamen die Leviten ihren Unterhalt?

A. Durch den Zehnten von allem Ertrag des Landes. 4 Mos. 18, 21.

F. Wo richteten die Israeliten zuerst die Stiftshütte auf?

A. Zu Silo. Jos. 18, 1.

F. Was sagte Josua zu den Stämmen, die ihr Erbtheil auf der andern Seite des Jordans hatten, nachdem das Land Canaan eingenommen war?

A. Ziehet hin in eure Hütten im Lande eures Erbes. Jos. 22, 4.

F. Was bauten sie, als sie zurückkamen?

A. Einen Altar. Jos. 22, 10.

F. Was thaten die übrigen Stämme, als sie davon hörten?

A. Sie versammelten sich zu Silo. Jos. 22, 12.

F. Zu welchem Zweck?

A. Um mit ihnen zu kriegen.

F. Wozu, glaubten sie, sei der Altar gebaut worden?

A. Als Zeichen des Abfalls vom HErrn. Jos. 22, 16.

F. Wofür aber, sagten die Rubeniter, die Gaditer und der halbe Stamm Manasse, daß sie ihn gebaut hätten?

A. Daß er ein Zeuge sei zwischen ihnen und den übrigen Stämmen. Jos. 22, 17.

F. Wie haben sie diese Erklärung aufgenommen?

A. Das gefiel ihnen, und sie lobten den Gott Israels. Jos. 22, 33.

F. Wo versammelte Josua das Volk vor seinem Tode?

A. In Sichem. Jos. 24, 1.

F. Wozu ermahnte er sie?

A. Den HErrn zu fürchten und Ihm treu und rechtschaffen zu dienen. Jos. 24, 14.

F. Welches Gelübde legte er dann für sich selbst ab?

A. Ich aber und mein Haus wollen dem HErrn dienen. Jos. 24, 15.

F. Wie alt war Josua als er starb?

A. Hundert und zehn Jahre alt. Jos. 24, 29.

Vier-und-zwanzigste Lektion.

F. Welcher war derjenige Stamm, der nach Josuas Tod ben Krieg führen sollte wider die Canaaniter?

A. Der Stamm Juda. Richter 1, 2.

F. Welcher Stamm zog mit Juda?

A. Simeon. Richt. 1, 3.

F. Welchen König nahmen sie gefangen?

A. Adonibesek. Richt. 1, 5. 6.

F. Was thaten sie ihm?

A. Sie hieben ihm die Daumen an seinen Händen und Füßen ab.

F. Wie vielen Königen, sagte er, habe er dasselbe gethan?

A. Siebenzig. Richt. 1, 7.

F. Was wird uns von der Generation gesagt, die nach Josuas Tod aufkam?

A. Sie verließen den HErrn. Richt. 2, 12.

F. Wem dienten sie dagegen?

A. Baal und Astharoth. Richt. 2, 13.

F. In wessen Hand gab sie der HErr dann?

A. In die Hand ihrer Feinde. Richt. 2, 14.

F. Wen erweckte der HErr aber wieder, um ihnen aus der Hand ihrer Feinde zu helfen?

A. Richter. Richt. 2, 16.

F. Was thaten die Israeliten nach dem Tode ihrer Richter?

A. Sie wandten sich wieder zu ihren verkehrten Wegen. Richt. 12, 19.

F. Was war die Folge davon?

A. Des HErrn Zorn ergrimmte über Israel. Richt. 2, 20.

F. In wessen Hand wurden sie zuerst übergeben?

A. In die Hand des Königs von Mesopotamien. Richter 3, 8.

F. Wie lang dienten sie ihm?

A. Acht Jahre lang.

F. Durch wen errettete sie der HErr aus seiner Hand?

A. Durch Athniel. Richter 3, 9.

F. Wie lang ruhte das Land darnach?

A. Vierzig Jahre lang. Richt. 3, 11.

F. Durch wen strafte der HErr dann die Kinder Israels, als sie wieder Uebels thaten?

A. Durch Eglon. Richt. 3, 12. 13.

F. Wer war Eglon?

A. Der König der Moabiter.

F. Wie lang dienten sie ihm?

A. Achtzehn Jahre lang.

F. Wer befreite sie von Eglon?

A. Ehud. Richt. 3, 15.

F. Wer schlug sechs hundert Philister mit einem Ochsenstecken?

A. Samgar. Richt. 3, 31.

F. Was that Israel nach Ehuds Tode?

A. Sie thaten noch übel vor dem HErrn. Richt. 4, 1.

F. An wen wurden sie dann verkauft?

A. An Jabin, der Canaaniter König. Richt. 4, 2.

F. Wer war sein Feldhauptmann?

A. Sissera.

F. Wie lang unterdrückte er Israel?

A. Zwanzig Jahre lang. Richt. 4, 3.

F. Zu wem schrie Israel?

A. Zum HErrn.

F. Wer war zu der Zeit Richter über Israel?

A. Debora. Richt. 4, 4.

F. Wer war der Anführer der Israeliten gegen Sissera?

A. Barak. Richt. 4, 10.

F. Wie gieng es Sissera mit seinem Heer?

A. Sie wurden geschlagen?

F. Wohin floh Sissera?

A. Zu Jael, dem Weibe Hebers, des Kuniters. Richt. 4, 17.

F. Was that sie ihm, als er schlief?

A. Sie schlug ihm einen Nagel durch den Schlaf, daß er starb. Richt. 4, 21.

F. Wie feierten Deborah und Barak diesen Sieg?

A. Mit einem Triumphlied. Richt. 5.

Fünf-und-zwanzigste Lektion.

F. In wessen Hand wurde das Volk Israel überliefert, als sie sich abermals versündigten?

A. In die Hand der Midianiter. Richt. 6, 1.

F. Wozu kamen die Midianiter nach Canaan?

A. Daß sie es verderbten. Richt. 6, 5.

F. Wer erlöste die Israeliten von ihnen?

A. Gideon.

F. Welchen andern Namen hat Gideon manchmal?

A. Jerub-baal. Richt. 7, 1.

F. Wie viel Mann waren mit Gideon, um gegen die Midianiter auszuziehen?

A. Zwei-und-dreißig tausend. Richt. 7, 3.

F. Welche von ihnen durften wieder heimkehren?

A. Alle, die furchtsam und verzagt waren.

F. Wie viele kehrten um?

A. Zwei-und-zwanzig tausend.

F. Wie viel blieben also noch?

A. Zehn tausend.

F. Wie viele zogen schließlich nur gegen die Midianiter aus? [Richt. 7, 7.

A. Drei hundert Mann.

F. Welche Waffen hatte Jeder von ihnen?

A. Eine Posaune, einen leeren Krug und eine Lampe. Richt. 7, 16.

F. Wie griffen sie das Heer der Midianiter an?

A. Sie bliesen ihre Posaunen, zerbrachen die Krüge und hielten die Fackeln in ihrer linken Hand. Richt. 7, 20.

F. Was riefen sie?

A. Hier Schwert des HErrn und Gideon!

F. Wie endete der Krieg?

A. Die Midianiter wurden geschlagen und flohen. Richt. 7, 21.

F. Was verlangte Israel von Gideon, als er im Frieden wiederkehrte?

A. Er solle ihr Herr sein. Richt. 8, 22.

F. Was antwortete Gideon darauf?

A. Ich will nicht Herr sein über euch. Richt. 8, 23.

F. Wer, sagte er, sollte Herr über sie sein?

A. Der HErr.

F. Wie viel Söhne hatte Gideon?

A. Siebenzig. Richt. 8, 30.

F. Welcher von ihnen erschlug seine Brüder nach des Vaters Tode?

A. Abimelech. Richt. 9, 1-5.

F. Welcher von den Brüdern entrann?

A. Jotham.

F. Wer machte den Abimelech zum Könige?

A. Die Männer von Sichem und das Haus Millo. Richt. 9, 6.

F. Wie lang regierte er im Frieden über Sichem?

A. Drei Jahre lang. Richt. 9, 22.

F. Wer stritt dann wider Abimelech?

A. Gaal. Richt. 9, 39.

F. Wie gieng es Gaal dabei?

A. Er wurde von Abimelech besiegt. Richt. 9, 40.

F. Was that aber Abimelech mit der Stadt Sichem?

A. Er zerbrach sie und säete Salz darauf. Richt. 9, 45.

F. Welche Stadt nahm er dann ein?

A. Thebez. Richt. 9, 50.

F. Wodurch wurde er dort tödtlich verwundet?

A. Ein Weib warf ein Stück eines Mühlsteins auf seinen Schädel und zerbrach ihn. Richt. 9, 53.

F. Was that Abimelech dann?

A. Er bat seinen Waffen=
träger ihn mit dem Schwert
vollends zu tödten. Richt. 9,
54.

F. Wer half Israel nach
Abimelechs Tode?

A. Thola. Richt. 10, 1.

F. Wer war Tholas Nach=
folger?

A. Jair. Richt. 10, 3.

F. Was wird uns von
Israel in jener Zeit gesagt?

A. Sie verließen den HErrn
und thaten übel vor Ihm.
Richt. 10, 6.

F. Unter wessen Hand ka=
men sie dann?

A. Unter die Hand der
Philister und der Amoniter.
Richt. 10, 7.

F. Wer war Jephthah?

A. Der Anführer der Isra=
eliten gegen die Amoniter.
Richt. 11, 6.

F. Wie gieng es den Kin=
dern Amons im Streit wider
Israel?

A. Jephtha schlug sie und
war eine sehr große Schlacht.
Richt. 11, 33.

F. Wie lang unterdrückten
die Philister die Israeliten?

A. Vierzig Jahre lang.
Richt. 13, 1.

F. Wer befreite sie von
ihnen?

A. Simson.

F. Woburch war er ausge=
zeichnet?

A. Durch seine große Stärke.

F. Wie viele Philister schlug
er mit einem Eselskinnbacken?

A. Tausend. Richt. 15, 15.

F. Durch wen bekamen die
Philister aber doch endlich den
Simson in ihre Gewalt?

A. Durch ein Weib, Na=
mens Delila. Richt. 16, 18.
19.

F. Was thaten sie ihm
dann?

A. Sie stachen ihm die Au=
gen aus und banden ihn mit
ehernen Ketten. Richt. 18, 21.

F. Wo mußte er arbeiten?

A. Im Gefängniß.

F. Wem brachten die Phi=
lister zum Dank für diesen
Sieg ein großes Opfer?

A. Ihrem Gott Dagon.
Richt. 16, 23.

F. Wozu wurde Simson
herbeigeholt?

A. Daß er vor ihnen spiele.
Richt. 16, 25.

F. Wen rief nun Simson
an?

A. Den HErrn seinen Gott.
Richt. 16, 28.

F. Um was bat er?

A. Um Kraft, daß er sich
an den Philistern rächen kön=
ne für seine beiden Augen.

F. Was that er dann?

A. Er faßte die zwei Säu=
len, auf welche das Haus ge=
setzt war, und neigte sich kräf=
tiglich, und das Haus fiel auf
ihn und auf die Fürsten und
auf alles Volk. Richt. 26, 30.

Naemi und Ruth.

Sechs-und-zwanzigste Lektion.

F. Wer war Naemi?

A. Das Weib von Elimelech. Ruth 1, 2.

F. Aus welchem Lande waren sie?

A. Von Bethlehem Juda.

F. In welches Land wanderten sie aus?

A. In's Land Moab.

F. Warum?

A. Weil eine Theurung im Lande Canaan war. Ruth 1, 1.

F. Wie hießen ihre zwei Söhne?

A. Mahlon und Chiljon. Ruth 1, 2.

F. Wer waren ihre Weiber?

A. Arpa und Ruth. Ruth 1, 4.

F. Was wissen wir von Elimelech, Mahlon und Chiljon?

A. Sie starben im Lande Moab. Ruth 1, 3. 5.

4

F. Wie lang blieb die Naemi in Moab?

A. Zehn Jahre lang. Ruth 1, 4.

F. Warum kehrte sie dann zurück?

A. Weil sie erfahren hatte, daß der HErr sein Volk heimgesucht und ihnen wieder Brod gegeben. Ruth 1, 6.

F. Wer begleitete sie?

A. Ihre zwei Schwiegertöchter.

F. Welche von beiden kehrten wieder nach Moab zurück?

A. Arpa. Ruth 1, 15.

F. Was sagte Ruth, als Naemi in sie drang, auch zurück zu kehren?

A. Rede mir nicht drein, daß ich dich verlassen sollte, und von dir umkehren. Wo du hingehest, da will ich auch hingehen; wo du bleibst, da bleibe ich auch. Dein Volk ist mein Volk, und dein Gott ist mein Gott. Wo du stirbst, da sterbe ich auch; da will ich auch begraben werden. Der HErr thue mir dies und das; der Tod muß mich und dich scheiden. Ruth 1, 16. 17.

F. Wie wollte Naemi geheißen sein, als sie wieder nach Bethlehem kam?

A. Mara. Ruth 1, 20.

F. Warum?

A. Weil der Allmächtige sie sehr betrübt hatte.

F. Was bedeutet das Wort Mara?

A. Bitter.

F. Auf wessen Felde las Ruth Aehren auf?

A. Auf dem Felde Boas.

F. Wie war Boas gegen sie?

A. Sehr freundlich. Ruth 2, 14–16.

F. Wen heirathete Ruth?

A. Den Boas. Ruth 4, 13.

F. Was für eine Verwandte war die Ruth vom David?

A. Sie war seine Urgroßmutter. Ruth 4, 21. 22.

Sieben-und-zwanzigste Lektion.

F. Wer war Samuels Vater?

A. Elkana. 1 Sam. 1, 1.

F. Wie viele Weiber hatte Elkana?

A. Zwei. 1 Sam. 1, 2.

F. Wie hießen sie?

A. Hanna und Peninna.

F. Wie hieß Samuels Mutter?

A. Hanna. 1 Sam. 1, 20.

F. Wem weihte sie ihr Kind?   [1, 28.

A. Dem HErrn. 1 Sam.

F. Wohin nahm sie ihn, als der Knabe noch ganz jung war?

A. In das Haus des HErrn zu Silo. 1 Sam. 1, 24.

F. Wer war Hohepriester damals?

A. Eli. 1 Sam. 1, 9.

F. Auf wie lang gab Hanna Samuel dem HErrn?

A. Sein Lebenlang. 1 Sam. 1, 28.

F. Von wann an diente Samuel vor dem HErrn?

A. Von seiner Kindheit an. 1 Sam. 2, 18.

F. Wie hießen Elis Söhne?

A. Hophni und Pinehas. 1 Sam. 1, 3.

F. Wie waren sie?

A. Sie waren böse Buben, und fragten nicht nach dem HErrn. 1 Sam. 2, 12.

F. Was wird uns dagegen von Samuel gesagt?

A. Er nahm zu, und war angenehm bei dem HErrn und bei den Menschen. 1 Sam. 2, 26.

F. Wer rief Samuel, als er sich niedergelegt hatte im Tempel zu schlafen?

A. Der HErr. 1 Sam. 3, 4.

F. Zu wem lief Samuel?

A. Zu Eli. 1 Sam. 3, 5.

F. Was sagte ihm Eli, daß er antworten solle, nachdem er drei Mal gerufen war?

A. Rede, HErr, denn dein Knecht höret. 1 Sam. 3, 9.

F. Warum, sagte der HErr, wolle Er das Haus Elis richten?

A. Um der Missethat willen seiner Kinder. 1 Sam. 3, 13.

F. Was hatten sie gethan?

A. Sie hielten sich schändlich, und Eli wußte es, und strafte sie nicht dafür.

F. Was sagte Eli, als ihm Samuel sein Gesicht ansagte?

A. Es ist der HErr, Er thue, was Ihm wohlgefällt. 1 Sam. 3, 18.

F. Was erkannte ganz Israel?

A. Daß Samuel ein treuer Prophet des HErrn war. 1 Sam. 3, 20.

F. Gegen wen stritt Israel zu Aphek?

A. Gegen die Philister. 1 Sam. 4, 1.

F. Was war das Resultat des Kriegs?

A. Israel wurde von den Philistern geschlagen. 1 Sam. 4, 2.

F. Was wurde hierauf in das israelitische Lager gebracht?

A. Die Bundeslade. 1 Sam. 4, 3.

F. Zu welchem Zweck?

A. Um sie aus der Hand ihrer Feinde zu retten.

F. Was thaten die Israeliten, als sie die Bundeslade sahen?

A. Sie jauchzten mit einem großen Jauchzen. 1 Sam. 4, 5.

F. Wie gieng es den Philistern, als sie die Ursache dieses Jauchzens erfuhren?

A. Sie fürchteten sich. 1 Sam. 4, 7.

F. Welches Ende nahm der nächste Kampf?

A. Israel wurde abermals geschlagen und floh. 1 Sam. 4, 10.

F. Was geschah mit der Bundeslade?

A. Die Philister nahmen sie. 1 Sam. 4, 11.

F. Wie gieng es Hophni und Pinehas?

A. Sie wurden getödtet.

F. Welchen Eindruck machte diese Nachricht auf Eli?

A. Er fiel von seinem Stuhl und brach seinen Hals und starb. 1 Sam. 4, 18.

F. Wohin nahmen die Philister die Bundeslade?

A. Nach Asbod. 1 Sam. 5, 1.

F. Wohin stellten sie sie?

A. Neben ihren Gott Dagon. 1 Sam. 5, 2.

F. Wie fanden die Leute den Dagon am folgenden Morgen?

A. Auf seinem Antlitz auf der Erde liegen vor der Lade. 1 Sam. 5, 3.

F. Wohin wurde dann die Bundeslade genommen?

A. Nach Gath. 1 Sam. 5, 8.

F. In welche Stadt nachher?

A. Nach Ekron. 1 Sam. 5, 10.

F. Was war die Folge davon?

A. Die Hand des HErrn lag schwer auf den Philistern. 1 Sam. 5, 11.

F. Wie lang war die Lade bei den Philistern?

A. Sieben Monate lang. 1 Sam. 6, 1.

F. Was geschah dann damit?

A. Sie wurde wieder zurückgeschickt zu den Israeliten. 1 Sam. 6, 8.

F. Wie wurde sie zurückgeschickt?

A. Auf einem neuen Wagen mit zwei jungen säugenden Kühen.

F. Wie weit giengen die Fürsten der Philister ihr nach?

A. Bis an die Grenze Bethsemes. 1 Sam. 6, 12.

F. Was empfanden die Bethsemiter, als sie die Bundeslade sahen?

A. Freude. 1 Sam. 6, 13.

F. Wohin kam die Lade von Bethsemes aus?

A. Nach Kiriathjearim. 1 Sam. 6, 21.

F. Wie lang richtete Samuel Israel?

A. Sein Lebenlang. 1 Sam. 7, 15.

F. In welchen Städten?

A. In Bethel, Gilgal, Mizpa, und Ramath. 1 Sam. 7, 16. 17.

F. Wo war sein Haus?

A. In Ramath.

F. Wen setzte Samuel zu Richtern über Israel, als er alt war?

A. Seine Söhne. 1 Sam. 8, 1.

F. Wie hießen sie?

A. Joel und Abia. 1 Sam. 8, 2.

F. Wandelten sie in ihres Vaters Wegen?

A. Nein; sie neigten sich zum Geiz und beugten das Recht. 1 Sam. 8, 3.

F. Um was bat dann das Volk Samuel?

A. Um einen König, der sie richte. 1 Sam. 8, 5.

F. Gefiel diese Bitte dem Samuel?

A. Nein. 1 Sam. 8, 6.

F. Was that er?

A. Er betete vor dem HErrn.

F. Was sollte Samuel dem V bezeugen?

A. Das Recht des Königs, der über sie herrschen werde.

F. Warum wünschten sie hauptsächlich, einen König zu haben?

A. Damit sie seien, wie alle andern Nationen. 1 Sam. 8, 20.

David und Goliath.

Acht-und-zwanzigste Lektion.

F. Wer war ihr erster König?

A. Saul. 1 Sam. 9, 17.

F. Aus welchem Stamm war Saul?

A. Aus dem Stamm Benjamin. 1 Sam. 9, 1.

F. Von wem wurde er zum König gesalbt? [10, 1.

A. Von Samuel. 1 Sam.

F. Gegen wen führte er den ersten Krieg?

A. Gegen die Amoriter. 1 Sam. 11, 1.

F. Wie endigte der Krieg?

A. Die Amoriter wurden völlig geschlagen. 1 Sam. 11, 11.

F. Welches Volk stritt alsdann wider Israel?

A. Die Philister. 1 Sam. 13, 5.

F. Wer erlangte einen berühmten Sieg über die Philister?

A. Jonathan. 1 Sam. 14, 1–14.

F. Wer war Jonathan?

A. Sauls Sohn. 1 Sam. 14, 1.

F. Welche Nation sollte Saul ausrotten?

A. Die Amalekiter. 1 Sam. 15, 3.

F. Wer gab ihm den Auftrag?

A. Der HErr. 1 Sam. 15, 2.

F. Gehorchte er der Stimme des HErrn?

A. Nein. 1 Sam. 15, 11.

F. Was that er?

A. Er schonte des Agag der Amoriter König, und der guten Schafe und Rinder. 1 Sam. 15, 9.

F. Was war die Folge seines Ungehorsams?

A. Der HErr verwarf ihn, daß er nicht König sein konnte über Israel. 1 Samuel 15, 26.

F. Wen ließ der HErr an seiner Stelle salben?

A. David. 1 Sam. 16, 13.

F. Wer war Davids Vater?

A. Jesse. 1 Sam. 16, 1.

F. Wer war Goliath?

A. Ein Riese, aus der Philister Lager. 1 Sam. 17, 4.

F. Von welcher Stadt war er?

A. Von Gath.

F. Wie gieng es den Israeliten, als sie den Mann sahen?

A. Sie entsetzten sich und fürchteten sich sehr. 1 Sam. 17, 11. 24.

F. Wen verhöhnte er?

A. Den Zeug Israel. 1 Sam. 17, 10.

F. Wie lang that er das?

A. Vierzig Tage lang. 1 Sam. 17, 16.

F. Zu welchem Zweck gieng David in das Lager?

A. Um seinen Brüdern ein Geschenk zu bringen und zu sehen, wie es ihnen gehe. 1 Sam. 17, 17. 18.

F. Wer, sagte David, wolle mit dem Philister streiten?

A. Er selbst. 1 Sam. 17, 32.

F. Was war Sauls Einwendung dagegen?

A. Er sagte zu David: Du bist nur ein Knabe; dieser aber ist ein Kriegsmann von seiner Jugend auf. 1 Sam. 17, 33.

F. Was sagte aber Saul doch endlich?

A. Gehe hin, der HErr sei mit dir. 1 Sam. 17, 38.

F. Welche Waffenrüstung legte er ihm an?

A. Seine eigne. 1 Sam. 17, 38.

F. Was that David damit?

A. Er legte sie wieder ab. 1 Sam. 17, 39.

F. Warum konnte er nicht darin gehen?

A. Weil er's nicht gewohnt war.

F. Was nahm er dagegen mit sich?

A. Seinen Stab, fünf glatte Steine, seine Hirtentasche, und eine Schleuder. 1 Sam. 17, 40.

F. Was that der Philister, als er David sah?

A. Er verachtete ihn. 1 Sam. 17, 42.

F. Was sagte er zu ihm?

A. Bin ich denn ein Hund, daß du mit Stecken zu mir kommst? 1 Sam. 17, 43.

F. In wessen Namen, sagte David, komme er zu ihm?

A. Im Namen des HErrn. 1 Sam. 17, 45.

F. Was that David, als der Philister sich ihm nahte?

A. Er nahm einen Stein aus der Tasche und schleuderte und traf den Philister an seine Stirne, daß er zur Erde fiel auf sein Angesicht. 1 Sam. 17, 49.

F. Womit hieb er ihm dann den Kopf ab?

A. Mit des Philisters eignem Schwert. 1 Sam. 17, 50. 51.

F. Was thaten die Philister, als sie sahen, daß ihr Stärkster todt war?

A. Sie flohen. 1 Sam. 17, 51.

F. Wohin brachte David des Philisters Haupt?

A. Nach Jerusalem. 1 Sam. 17, 54.

Neun-und-zwanzigste Lektion.

F. Wie war Jonathan gegen David gesinnt?

A. Er liebte ihn, wie sein eigen Herz. 1 Sam. 18, 1.

F. Warum floh David vor Saul?

A. Weil er darnach trachtete, ihn umzubringen. 1 Sam. 18, 11.

F. Warum wollte er ihn tödten?

A. Weil er eifersüchtig auf ihn war. [süchtig?

F. Warum war er eifer=

A. Weil er glaubte, das Volk ehre David mehr als ihn. 1 Sam. 18, 8.

F. Wie hielt sich David?

A. Klüglich in alle seinem Thun. 1 Sam. 18, 14.

F. Was that aber Saul?

A. Er scheute sich vor ihm. 1 Sam. 18, 15.

F. Wie hielt sich das ganze Volk Israel gegen David?

A. Sie hatten David lieb. 1 Sam. 18, 16.

F. Was that David einmal, als er Gelegenheit hatte, Saul zu tödten?

A. Er schnitt nur einen Zipfel seines Rockes ab. 1 Sam. 24, 4.

F. Was that er ein ander Mal?

A. Er nahm seinen Speer und seinen Wasserbecher. 1 Sam. 26, 11.

F. Welchen Eindruck machte das auf Saul?

A. Er weinte. 1 Sam. 24, 16.

F. Wer war Davids erste Frau?

A. Michal, Sauls Tochter. 1 Sam. 18, 27.

F. Welches Ende nahm Saul?

A. In einem Streit wider die Philister wurde er verwundet; dann nahm er sein eigen Schwert und fiel darein. 1 Sam. 31, 3. 4.

F. Wo geschah das?

A. Auf dem Gebirge Gilboa. 1 Sam. 31, 8.

F. Welcher Freund Davids wurde in derselben Schlacht erschlagen?

A. Jonathan. 1 Sam. 31, 2.

F. Was that David, als er von seinem Tode hörte?

A. Er trug Leid, und weinte und fastete. 2 Sam. 1, 12.

F. Was sagte David von Saul und Jonathan?

A. Saul und Jonathan, holdselig und lieblich in ihrem Leben, sind auch im Tode nicht geschieden. 2 Sam. 1, 23.

F. Wer begrub Saul?

A. Die Männer von Jabes-Gilead. 1 Sam. 31, 11.

F. Wohin gieng David nach Sauls Tode?

A. Nach Hebron. 2 Sam. 2, 1.

F. Wie lang regierte er dort?

A. Ueber sieben Jahre lang. 2 Sam. 2, 11.

F. Wie lang regierte er in Jerusalem?

A. Drei-und-dreißig Jahre. 2 Sam. 5, 5.

F. Was beabsichtigte David zu bauen, als ihm der HErr Ruhe gegeben hatte vor allen seinen Feinden?

A. Einen Tempel für den HErrn. 2 Sam. 7, 1. 2.

F. Was wollte er darin aufbewahren?

A. Die Bundeslade.

F. Wer, sagte aber der HErr, sollte Ihm ein Haus bauen?

A. Sein Sohn Salomo. 2 Sam. 7, 12. 13.

F. Was that dann David?

A. Er bereitete das Material dafür zu.

F. Was befahl David dem Salomo kurz vor seinem Tode?

A. In den Wegen des HErrn zu wandeln und seine Gebote zu halten. 1 Kön. 2, 3.

F. Was zeichnete Salomo besonders aus?

A. Seine Weisheit. 1 Kön. 4, 30.

F. Was begann Salomo, bald nach seinem Regierungsantritt, zu bauen?

A. Den Tempel des HErrn. 1 Kön. 5, 2—5.

F. Wie lang baute er daran?   [Kön. 6, 38.

A. Sieben Jahre lang. 1

F. Wozu versammelte Salomo die Aeltesten in Israel?

A. Um die Bundeslade in den Tempel zu bringen. 1 Kön. 8, 1.

F. Was wurde in der Lade aufbewahrt?

A. Die zwei Gesetzestafeln. 1 Kön. 8, 9.

F. Was geschah, nachdem die Bundeslade in dem Tempel war?

A. Die Herrlichkeit des HErrn erfüllte das Haus. 1 Kön. 8, 11.

F. Wie lang hielt ganz Israel ein Fest?

A. Vierzehn Tage lang. 1 Kön. 8, 65.

Die Königin von Saba und Salomo.

Dreißigste Lektion.

F. Was that die Königin von Arabien, als sie von Salomo hörte?

A. Sie kam, ihn zu versuchen mit Räthseln. 1 Kön. 10, 1.

F. Was für Geschenke brachte sie Salomo?

A. Spezerei, Gold, und Edelsteine. 1 Kön. 10, 2.

F. Was sagte sie in Bezug auf das, was sie von seiner Weisheit gehört hatte?

A. Es sei ihr nicht die Hälfte davon gesagt gewesen. 1 Kön. 10, 7.

F. Welche Sünde begieng Salomo, als er alt war?

A. Sein Herz neigte sich andern Göttern nach. 1 Kön. 11, 4. [ihn gesinnt?

F. Wie war der HErr gegen

A. Er war zornig über Salomo. 1 Kön. 11, 9.

F. Welche Strafe kündigte ihm der HErr an?

A. Er wolle das Königreich von ihm reißen. 1 Kön. 11, 11.

F. Warum that es der HErr nicht zu Salomos Lebzeiten?

A. Um seines Vaters Davids willen. 1 Kön. 11, 12.

F. Von wessen Hand wollte Er's reißen?

A. Von der Hand seines Sohnes.

F. Um weßwillen wollte es der HErr nicht ganz abreißen?

A. Um Davids willen.

F. Welche Feinde erweckte der HErr dem Salomo?

A. Hadad, Reson, und Jerobeam. 1 Kön. 11, 14. 23. 26.

F. Welches Amt übergab Salomo dem Jerobeam?

A. Er setzte ihn über das Haus Josephs. 1 Kön. 11, 28.

F. Wer begegnete dem Jerobeam, als er von Jerusalem kam?

A. Der Prophet Ahia. 1 Kön. 11, 29.

F. Was that er mit Jerobeams Mantel?

A. Er zerriß ihn in zwölf Stücke. 1 Kön. 11, 30.

F. Wie viel, sagte er, sollte Jerobeam zu sich nehmen?

A. Zehn. 1 Kön. 11, 31.

F. Wovon sollte dies ein Zeichen sein?

A. Davon, daß der HErr das Königreich aus der Hand Salomos reißen wollte, und Jerobeam zehn Stämme davon geben.

F. Was that Jerobeam darauf?

A. Er empörte sich wider den König.

F. Was wollte Salomo ihm thun?

A. Er wollte ihn tödten. 1 Kön. 11, 40.

F. Wohin floh er?

A. Nach Egypten. 1 Kön. 11, 40.

F. Wie lang blieb er dort?

A. Bis zu Salomos Tode.

F. Wie lang regierte Salomo?

A. Vierzig Jahre lang. 1 Kön. 11, 42.

F. Wer war sein Nachfolger?

A. Sein Sohn Rehabeam. 1 Kön. 11, 43.

F. Um was bat das Volk den Rehabeam?

A. Ihr Joch leichter zu machen. 1 Kön. 12, 4.

F. Wie viel Zeit verlangte er von ihnen, um sich Raths zu erholen?

A. Drei Tage. 1 Kön. 12, 5.

F. Welchen Rath gaben ihm die Aeltesten?

A. Er sollte milde gegen das Volk verfahren und ihnen ihre Bitte gewähren. 1 Kön. 12, 6. 7. [Jungen?

F. Was war der Rath der

A. Er sollte ihnen noch ein schwereres Joch aufladen, als ein Vater. 1 Kön. 12, 10.

F. Welchen dieser beiden Räthe befolgte er?

A. Den der Jungen. 1 Kön. 12, 13.

F. Was war die Folge davon?

A. Zehn Stämme fielen von ihm ab. 1 Kön. 12, 20.

F. Wen erwählten sie zu ihrem König?

A. Jerobeam. 1 Kön. 12, 20.

F. Was that dieser, um das Volk abzuhalten, daß sie nach Jerusalem giengen, um anzubeten?

A. Er machte zwei goldene Kälber. 1 Kön. 12, 28.

F. Wo stellte er sie auf?

A. Eines in Dan, das andere in Bethel. 1 Kön. 12, 29.

F. Was sagte er dem Volk?

A. Siehe, da sind deine Götter, Israel, die dich aus Egypten geführt haben. 1 Kön. 12, 28.

F. Was that das Volk?

A. Es betete sie an.

F. Was wird uns von dem Reich Juda unter Rehabeam gesagt?

A. Sie thaten, das dem HErrn übel gefiel. 1 Kön. 14, 22.

F. Welche Sünde begiengen sie?

A. Sie trieben Götzendienst. 1 Kön. 14, 13.

F. Wie lang regierte Rehabeam? [1 Kön. 14, 21.

A. Siebenzehn Jahre lang.

Ein-und-dreißigste Lektion.

F. Wer war Elias?

A. Ein Prophet des HErrn.

F. Unter wessen Regierung lebte er?

A. Unter der Regierung des Ahab. 1 Kön. 17, 1.

F. Was kündigte er Ahab an?

A. Es werde drei Jahre lang weder Thau noch Regen fallen.

F. Wohin schickte ihn der HErr?

A. An den Bach Crith. 1 Kön. 17, 3.

F. Wie wurde er dort versorgt?

A. Er trank von dem Bach, und die Raben brachten ihm Brod und Fleisch. 1 Kön. 17, 6.

F. Wohin schickte ihn Gott, als der Bach vertrocknet war?

A. Nach Sarepta oder Zarpath. 1 Kön. 17, 9.

F. Wer sollte ihn dort verhalten?

A. Eine Wittwe.

F. Was that sie eben, als er unter das Stadtthor kam?

Elias wird von Raben gespeist.

A. Sie las das Holz auf. 1 Kön. 17, 10.

F. Was sagte er zu ihr?

A. Hole mir ein wenig Waſſer, daß ich trinke. 1 Kön. 17, 11.

F. Um was bat er sie noch, als sie hingieng, Waſſer zu holen?

A. Um einen Biſſen Brods.

F. Was sagte sie?

A. So wahr der HErr, dein Gott, lebet, ich habe nichts Gebackenes. 1 Kön. 17, 12.

F. Was hatte sie noch?

A. Eine Hand voll Mehl im Cad und ein wenig Oel im Krug.

F. Wozu las sie Holz zuſammen?

A. Um für ſich und ihren Sohn zuzurichten, daß sie äßen und ſtürben.

F. Was sagte Elias, daß sie thun sollte?

A. Sie solle ihm zuerst ein kleines Gebackenes mach[en]. Kön. 17, 13.

F. Was that sie?

A. Sie machte es, wie gesagt hatte. 1 Kön. 17,

F. Was versprach er

A. Das Mehl im Cad nicht verzehrt werden, un[d] Oelkrug solle es nicht [man]geln. 1 Kön. 17, 16.

F. Welche Prüfung [legte] der Wittwe bald darauf [auf]erlegt?

A. Ihr Sohn starb. 1 [Kön.] 17, 17.

F. Was that Elias?

A. Er nahm ihn und [legte] ihn auf sein Bett. 1 [Kön.] 17, 19.

F. Wie betete er alsda[nn]?

A. HErr, mein Gott [laß] die Seele dieses Kindes [wieder] zu ihm kommen. 1 Kön[. 17,] 21.

F. Wurde sein Gebe[t er]hört?

A. Ja; das Kind wurde wieder lebendig. 1 Kön. 17,22.

F. Was sagte das Weib, als er ihr ihren Sohn lebendig wieder gab?

A. Nun erkenne ich, daß du ein Mann Gottes bist. 1 Kön. 17, 24.

F. Was sagte der HErr zu Elias lange Zeit darnach?

A. Gehe hin, und zeige dich Ahab, daß ich regnen lasse. 1 Kön. 18, 1.

F. Was war die Folge davon, daß es nicht regnete?

A. Eine große Theurung in Samaria. 1 Kön. 18, 1.

F. Was sagte Ahab, als er Elias sah?

A. Bist du, der Israel verwirret? 1 Kön. 18, 17.

F. Was antwortete Elias?

A. Ich verwirre Israel nicht.

F. Wer, sagte er, habe das gethan?

A. Ahab und seines Vaters Haus. 1 Kön. 18, 18.

F. Wer suchte bald nachher Elias zu tödten?

A. Isebel. 1 Kön. 19, 2.

F. Warum?

A. Weil er die Baalspriester getödtet hatte.

F. Wer war Isebel?

A. Ahabs Frau.

F. Wohin gieng Elias nun? [18, 4.

A. In die Wüste. 1 Kön.

F. Um was betete er dort?

A. Daß er sterben möchte.

F. Wen, sagte der HErr, solle er zum König über Syrien salben?

A. Hasael. 1 Kön. 19, 15.

F. Wen zum König über Israel?

A. Jehu. 1 Kön. 19, 16.

F. Welches Amt bekam Elisa?

A. Das Prophetenamt an Elias Stelle. 1 Kön. 19, 19–21.

F. Wo fand Elias den Elisa?

A. Auf dem Felde.

F. Was that dann Elias?

A. Er warf seinen Mantel auf ihn.

F. Was that Elisa?

A. Er folgte Elias nach und diente ihm. 1 Kön. 19,20.

Zwei=und=dreißigste Lektion.

F. Nach wessen Weinberg gelüstete den Ahab?

A. Nach Naboths. 1 Kön. 21, 1. 2.

F. Wie erlangte er ihn?

A. Durch die List seines Weibes. 1 Kön. 21, 7–16.

F. Welches Ende nahm Ahab?

A. Er wurde getödtet in einer Schlacht mit den Syrern. 1 Kön. 22, 34. 35.

F. Wer war sein Nachfolger?

A. Ahasja. 1 Kön. 22, 40.

F. Zu wem schickte dieser, als er krank war, um zu erfahren, ob er wieder gesund würde?

A. Zu Baal = Sebub, dem Gott zu Ekron. 2 Kön. 1, 2.

F. Wem begegneten die Boten unterwegs?

A. Dem Elias. 2 Kön. 1, 3.

F. Was sagte er zu ihnen?

A. Gehet hin zu dem König und sprechet zu ihm: Ist denn kein Gott in Israel, daß du hinsendest, zu fragen Baal = Sebub in Ekron? 2 Kön. 1, 5. 6.

F. Was prophezeite er Ahasja?

A. Daß er sterben werde. 2 Kön. 1, 6.

F. Wen sandte der König dann zu Elias?

A. Einen Hauptmann mit fünfzig Mann. 2 Kön. 1, 9.

F. Was sagten die zu ihm?

A. Du, Mann Gottes, der König sagt, du sollst herabkommen.

F. Was antwortete Elias?

A. Bin ich ein Mann Gottes, so falle Feuer vom Himmel und fresse dich und deine fünfzig. 2 Kön. 1, 10.

F. Was geschah alsdann?

A. Feuer fiel vom Himmel und fraß ihn und seine fünfzig. [dann?

F. Wen sandte Ahasja

A. Einen andern Hauptmann über fünfzig. 2 Kön. 1, 11.

F. Wie gieng es denen?

A. Feuer fiel abermals vom Himmel und fraß sie.

F. Um was bat der dritte Hauptmann den Elias?

A. Laß meine Seele und die Seelen deiner Knechte vor dir Etwas gelten. 2 Kön. 1, 13.

F. Was sagte der Engel des HErrn zu Elias?

A. Gehe mit ihm hinab und fürchte dich nicht. 2 Kön. 1, 15.

F. Was sagte Elias dann Ahasja, als er zu ihm kam?

A. Du sollst des Todes sterben. 2 Kön. 1, 16.

F. Wie oft bat Elias den Elisa, ihn zu verlassen, ehe er gen Himmel fuhr?

A. Drei Mal. 2 Kön. 2, 2. 4. 6.

F. Verließ ihn Elisa?

A. Nein. 2 Kön. 2, 6.

F. Was that Elias, als er an den Jordan kam?

A. Er nahm seinen Mantel und wickelte ihn zusammen und schlug ihn in's Wasser.

F. Was geschah dann?

A. Das Wasser theilte sich auf beiden Seiten.

F. Wie giengen sie dann hinüber?

A. Trockenen Fußes.

F. Was sagte Elias zu

Elisa, gerade ehe er gen Himmel fuhr?

A. Bitte, was ich dir thun soll, ehe ich von dir genommen werde. 2 Kön. 2, 9.

F. Was antwortete Elisa?

A. Laß deinen Geist bei mir sein zwiefältig.

F. Woran sollte Elisa erkennen, daß seine Bitte erfüllt würde?

A. Wenn er Elias sehen werde von ihm genommen, so sollte sie erfüllt werden.

F. Was kam bald darauf?

A. Ein feuriger Wagen mit feurigen Rossen. 2 Kön. 2, 11.

F. Was geschah mit Elias?

A. Er fuhr im Wetter gen Himmel. 2 Kön. 2, 11.

F. Was ruhte auf Elisa?

A. Der Geist Elias. 2 Kön. 2, 15.

F. Wessen Sohn erweckte Elisa vom Tode?

A. Den Sohn der Sunamitin. 2 Kön. 4.

Drei-und-dreißigste Lektion.

F. Welcher syrische Feldhauptmann kam zu Elisa?

A. Naeman. 2 Kön. 5, 9.

F. Wer hatte ihm von Elisa gesagt?

A. Ein israelitisches Dienstmädchen, die er gefangen genommen hatte. 2 Kön. 5, 2. 3.

F. Welche Anweisung gab ihm dann Elisa?

A. Gehe hin, und wasche dich sieben Mal im Jordan. 2 Kön. 5, 10.

F. Wie nahm Naeman diese Weisung auf?

A. Er erzürnte. 2 Kön. 5, 11.

F. Was that Naeman aber dann doch auf das Zureden seiner Knechte?

A. Er gieng hin und tauchte sich im Jordan sieben Mal. 2 Kön. 5, 14.

F. Was war die Folge davon?

A. Er war geheilt von seinem Aussatz.

F. Was wollte er Elisa durchaus geben? [5, 15.

A. Ein Geschenk. 2 Kön.

F. Was that Elisa?

A. Er wies es zurück. 2 Kön. 5, 16.

F. Was that Gehasi, Elisas Diener, als er sah, daß sein Herr das Geschenk nicht genommen hatte?

A. Er jagte Naeman nach, um Etwas von ihm zu nehmen. 2 Kön. 5, 20—22.

F. Auf welche Weise bekam er dann ein Geschenk?

A. Durch eine Lüge.

F. Wie wurde er dafür gestraft?

A. Der Aussatz des Naeman hing ihm an. 2 Kön. 5, 27.

F. Welche Feinde Israels zogen aus gegen sie während der Regierung des Hiskia?

A. Die Assyrer. 2 Könige 18, 9.

F. Wie lang belagerten sie Samaria, ehe sie es einnahmen?

A. Drei Jahre lang. 2 Kön. 18, 10. 11.

F. Gegen wen empörte sich Hiskia?

A. Gegen Sanherib, den König von Assyrien. 2 Kön. 18.

F. Was that Sanherib darauf?

A. Er zog hinauf gegen ihn. 2 Kön. 18, 13.

F. Wie viele der Assyrer wurden in einer Nacht geschlagen?

A. Hundert und fünf-und-achtzig tausend. 2 Kön. 19, 35.

F. Durch wen?

A. Durch den Engel des HErrn.

F. Wie gieng es Sanherib?

A. Er wurde von seinen Söhnen erschlagen.

F. Wer half den Juden, daß sie wieder in das gelobte Land zurückkehren konnten?

A. Cyrus. Esra 1, 1. 2.

F. Wer erweckte den Cyrus das zu thun?

A. Der HErr.

F. Wer hatte es vorhergesagt?

A. Jesaias. Jes. 45, 1.

F. Wie lange vor Cyrus Geburt?

A. Beinahe zwei hundert Jahre vorher.

F. Was baute das Volk wieder auf?

A. Den Tempel des HErrn.

F. Unter wessen Leitung?

A. Unter der Leitung des Serubabel. Esra 3, 2.

F. Was that das Volk, als der Grund vom Tempel gelegt war?

A. Sie sangen um einander mit Loben und Danken dem HErrn. Esra 3, 11.

F. Um was baten die Widersacher Judas, als sie hörten, daß das Volk den Tempel wieder baue?

A. Daß sie mit ihnen bauen möchten. Esra 4, 2.

F. Was antwortete das Volk?

A. Es ziemt sich nicht, uns und euch das Haus unseres Gottes zu bauen. Esra 4, 3.

F. Was thaten ihre Feinde dann?

A. Sie hinderten sie im Bauen. Esra 4, 4.

F. Wie lange?

A. Von der Zeit Kores bis an das Königreich Darii. Esra 4, 5.

F. Wann wurde der Tempelbau beendigt?

A. Im sechsten Jahre des Königs Darius. Esra 6, 15.

F. Wie lange bauten sie daran? [lang.

A. Ungefähr zwanzig Jahre

F. Wer war Esras Nachfolger als Statthalter in Judäa?

A. Nehemia.

F. Welches Amt hatte er an dem persischen Hofe?

A. Er war des Königs Schenke. Neh. 1, 11.

F. Welche Nachricht erhielt er über Jerusalem?

A. Die Mauern Jerusalems sind zerbrochen, und ihre Thore mit Feuer verbrannt. Neh. 1, 3.

F. Welchen Eindruck machte diese Nachricht auf Nehemia?

A. Er weinte und trug Leid und fastete. Neh. 1, 4. [nig?

F. Um was bat er den Kö-

A. Um Erlaubniß, Jerusalem besuchen zu dürfen. Neh. 2, 5.

F. Was wollte er dort thun?

A. Die Stadt wieder bauen. Neh. 2, 5.

F. Auf welche Weise baute das Volk an der Mauer?

A. Mit einer Hand thaten sie die Arbeit, und mit der andern hielten sie die Waffen. Neh. 4, 17.

F. Warum das?

A. Aus Furcht vor ihren Feinden.

F. Wie lang bauten sie an der Mauer?

A. Zwei-und-fünfzig Tage. Neh. 4, 15.

F. Wie war ihren Feinden zu Muthe, als sie sahen, daß die Mauer wieder gebaut war?

A. Sie fürchteten sich; denn sie merkten, daß dies Werk von Gott war. Neh. 6, 16.

Vier-und-dreißigste Lektion.

F. Wer war Ahasveros?

A. Ein König von Persien. Esther 1, 1.

F. Wer war die Königin?

A. Vasthi. Esth. 1, 9.

F. Was geschah der Vasthi dafür, daß sie dem Könige ungehorsam war?

A. Sie durfte nicht mehr Königin sein. Esth. 1, 19.

F. Wer wurde Königin an ihrer Statt?

A. Esther. Esth. 2, 16.

F. Zu welchem Volke gehörte die Esther?

A. Zu dem jüdischen Volk. Esth. 2, 5-7.

F. Wer hatte sie an Kindesstatt angenommen und auferzogen?

5

Mardachai am Thore sitzend.

A. Mardachai.

F. Welchen Dienst erwies Mardachai dem Könige?

A. Er entdeckte eine Verschwörung gegen ihn. Esth. 2, 21. 22.

F. Wen erhöhte Ahasveros zu jener Zeit?

A. Haman. Esth. 3, 1.

F. Wie ehrten ihn des Königs Knechte?

A. Sie beugten die Kniee vor ihm, und beteten ihn an. Esth. 3, 2.

F. Wer that das nicht vor ihm?

A. Mardachai. Esth. 3, 2.

F. Wie stimmte das den Haman?

A. Er ward voll Grimmes. Esth. 3, 5.

F. Wie suchte er sich zu rächen?

A. Er trachtete, das ganze Volk der Juden zu vertilgen. Esth. 3, 6.

F. Wozu bestimmte er den König?

A. Ein Gebot zu erlassen, daß alle Juden umgebracht würden. Esth. 3, 12. 13.

F. Was that Mardachai, als er erfuhr was geschehen war?

A. Er zerriß seine Kleider, und schrie laut und kläglich. Esth. 4, 1.

F. Wozu bewog er Esther?

A. Daß sie zum König hineingieng und eine Bitte an ihn that, um ihr Volk. Esth. 4, 8.

F. Wie lange wollte sie, daß das ganze Volk für sie fasten sollte?

A. Drei Tage lang. Esth. 4, 16.

F. Was reckte der König aus gegen Esther, als er sie sah?

A. Den goldenen Scepter. Esth. 5, 2.

F. Was bat sie dann vom Könige?

A. Er möchte mit Haman zu einem Mahle kommen, das sie bereitet habe. Esth. 5, 4.

F. Welches war ihre nächste Bitte?

A. Daß sie den folgenden Tag noch einmal zu einem Mahle kommen möchten. Esth. 5, 8.

F. Mit welchen Gefühlen gieng Haman des Tages hinaus?

A. Fröhlich und gutes Muths. Esth. 5, 9.

F. Gegen wen aber war er voll Zorn?

A. Gegen Mardachai. Esth. 5, 9.

F. Wen ließ Haman holen, als er nach Hause kam?

A. Seine Freunde und sein Weib. Esth. 5, 10.

F. Wovon erzählte er ihnen?

A. Von all seiner Herrlichkeit. Esth. 5, 11.

F. Warum war ihm all das nicht genügend?

A. Weil ihn Mardachai nicht ehrte. Esth. 5, 13.

F. Was rieth ihm sein Weib, zu thun?

A. Einen Baum (Galgen) machen zu lassen, und dem König zu sagen, daß man Mardachai dran hänge. Esth. 5, 14.

F. Wofür wollte Ahasveros den Mardachai belohnen?

A. Dafür, daß er die Verschwörung entdeckt hatte. Esth. 6, 2–7.

F. Welche Ehre mußte alsdann Haman dem Mardachai erzeigen?

A. Er mußte ihm königliche Kleider anlegen, und ihn durch der Stadt Gassen führen. Esth. 6, 11.

F. Was sollte er sagen?

A. So wird man thun dem Mann, den der König gern ehren wollte.

F. Um was bat die Esther bei dem Mahle an jenem Tag?

A. Um ihr und ihres Volkes Leben. Esth. 7, 3. 4.

F. Wozu, sagte sie, seien sie verkauft?

A. Daß sie vertilgt und umgebracht würden. [dann?

F. Was fragte der König

A. Wer ist der, der solches in seinen Sinn nehmen dürfte, also zu thun? Esth. 7, 5.

F. Was antwortete Esther?

A. Der Feind und Widersacher ist dieser böse Haman. Esth. 7, 6.

F. Was befahl der König, daß man ihm thun sollte?

A. Man sollte ihn hängen. Esth. 7, 9.

F. Wo?

A. An demselben Baume, den er für Mardachai hatte aufrichten lassen. Esth. 7, 9.

F. Wer wurde dann über Hamans Haus gesetzt?

A. Mardachai. Esth. 8, 2.

F. Um was bat Esther abermals den König?

A. Daß er wegthäte die Bosheit Hamans und seine Anschläge, die er wider die Juden erdacht hatte. Esth. 8, 3.

F. Was gewährte der König den Juden?

A. Freiheit, sich zu vertheidigen. Esth. 8, 11.

F. Was thaten sie auf den Tag, an dem sie hätten vertilgt werden sollen?

A. Sie versammelten sich, daß sie die Hand legten an die, die ihnen übel wollten. Esth. 9, 2.

F. Was war die Folge davon?

A. Ihre Feinde wurden von ihnen geschlagen. Esther 9, 5.

F. Wie wurde dieser Tag nachher gefeiert?

A. Als ein Tag des Wohllebens und der Freude. Esth. 9, 17.

Fünf-und-dreißigste Lektion.

F. Wo wohnte Hiob?

A. In dem Lande Uz. Hiob 1, 1.

F. Was war sein Charakter?

A. Er war schlecht und recht, gottesfürchtig, und meidete das Böse.

F. Was wird uns von ihm gesagt, in Beziehung auf seine Größe?

A. Er war herrlicher denn Alle, die gegen Morgen wohnten. Hiob 1, 3.

F. Worin bestand sein Reichthum?

A. Er hatte sieben tausend Schafe, drei tausend Kamele, fünf hundert Joch Rinder und fünf hundert Eselinen.

F. Was that Hiob für seine Söhne?

A. Er opferte Brandopfer für sie Alle. Hiob 1, 5.

F. Was fürchtete er?

A. Sie möchten gesündigt haben.

F. Wer kam unter den Kindern Gottes, als sie vor den HErrn traten?

A. Der Satan. Hiob 1, 6.

F. Was sagte der HErr über Hiob zum Satan?

A. Es ist seines Gleichen nicht im Lande. Hiob 1, 8.

F. Was dachte Satan, daß Hiob thun würde, wenn ihn Gott seiner Güter beraubte?

A. Gott in's Angesicht fluchen. Hiob 1, 11.

F. In wessen Hand übergab ihn dann der HErr?

A. In Satans Hand. Hiob 1, 12.

F. Was sagte Hiob, nachdem er seine Kinder und seine Güter verloren hatte?

A. Der HErr hat's gegeben, der HErr hat's genommen, der Name des HErrn sei gelobet! Hiob 1, 21.

F. Unter welcher Bedingung gab der HErr Hiob in Satans Hand?

A. Unter der Bedingung, daß er seines Lebens schone. Hiob 2. 6.

F. Womit plagte Satan den Hiob?

A. Mit bösen Schwären. Hiob 2, 7.

F. Wer hörte von seiner Trübsal und besuchte ihn?

A. Seine drei Freunde. Hiob 2, 11.

F. Wie hießen sie?

A. Eliphas, Bildad, und Zophar. Hiob 2, 11.

F. Was war der Zweck ihres Besuchs?

A. Sie wollten ihn beklagen und ihn trösten.

F. Was thaten sie, als sie ihn sahen?

A. Sie hoben ihre Stimme auf und weinten. Hiob 2, 12.

F. Wie lang saßen sie bei ihm, ohne Etwas mit ihm zu reden?

A. Sieben Tage und sieben Nächte lang. Hiob 2, 13.

F. Warum thaten sie das?

A. Weil sie sahen, daß sein Schmerz sehr groß war.

F. Was that Hiob hernach?

A. Er verfluchte den Tag seiner Geburt. Hiob 3, 1.

F. Wer antwortete, nach seiner ersten Rede an seine Freunde?

A. Eliphas von Theman. Hiob 4, 1.

F. Wer antwortete Eliphas wieder?

A. Hiob. Hiob 6, 1.

F. Was, sagte er, sei auf ihn gerichtet?

A. Die Schrecknisse Gottes. Hiob 4, 4.

F. Welches Bekenntniß legte er ab?

A. Er habe gesündigt. Hiob 7, 20.

F. Wie hieß er seine Freunde?

A. Leidige Tröster. Hiob 16, 2.

F. Wie viele Reden hielt er ihnen?

A. Neun.

F. Auf welche dieser Reden antworteten seine Freunde nicht?

A. Auf die neunte.

F. Warum nicht?

A. Weil sie keine Antwort darauf fanden. Hiob 32, 3.

F. Wer sprach dann nach Hiobs neunter Rede?

A. Elihu. Hiob 32, 6.

F. Wer antwortete dann Hiob?

A. Gott. Hiob 38, 1.

F. Aus was?

A. Aus dem Wetter.

F. Was bekannte Hiob Gott?

A. Ich bin zu leichtfertig gewesen. Hiob 39, 34.

F. Mit wem redete der HErr dann?

A. Mit Eliphas. Hiob 42,7.

F. Warum war der HErr zornig über ihn und seine zwei Freunde?

A. Weil sie nicht recht von Ihm geredet hatten. Hiob 42, 7.

F. Was sagte Gott, daß sie thun sollten?

A. Sie sollten Brandopfer opfern. Hiob 42, 8.

F. Wer sollte für sie bitten?

A. Hiob. Hiob 42, 8.

F. Was that Gott für Hiob, als er für seine Freunde gebetet hatte?

A. Er wendete sein Gefängniß. Hiob 42, 10.

F. Wie gieng es Hiob hernach?

A. Der HErr segnete ihn mehr, als vorher.

Sechs-und-dreißigste Lektion.

F. Wie viele prophetische Bücher sind in dem alten Testament?

A. Sechzehn.

F. Wer wird manchmal der evangelische Prophet genannt?

A. Jesaias.

F. Warum?

A. Weil er so viel weissagte in Beziehung auf Christum und sein Reich.

F. Wessen Sohn war Jesaias?

A. Der Sohn von Amoz. Jes. 1, 1.

F. Unter welchen Königen lebte er?

A. Unter Usia, Jotham, Ahas und Hiskia. Jes. 1, 1.

F. Von welchen andern Propheten war er ein Zeitgenosse?

A. Von Amos, Hosea, Joel, und Micha.

F. Was weissagte Jesaias in Bezug auf Babylon?

A. Es werde von Grund aus zerstört werden. Jes.13,19.

F. Von welchem Land war Babylon die Hauptstadt?

A. Von Chaldäa.

F. An welchem Fluß lag es?

A. An dem Euphrat in Asien.

F. Mit welchen Städten verglich Jesaias Babylon?

A. Mit Sodom und Gomorra. Jes. 13, 19.

F. Wie lang sollte es von Menschen unbewohnt bleiben?

A. Für immer. Jes. 13, 20.

F. Wer aber sollte dort wohnen?

A. Die wilden Thiere. Jes. 13, 21.

F. Womit wollte Gott die Stadt kehren?

A. Mit einem Besen des Verderbens. Jes. 14, 23.

F. Von wem wurde Babylon zerstört?

A. Von Cyrus, dem König von Persien.

F. Was weissagte Jesaias über den Segen, den das Evangelium bringen würde?

A. Die Wüste und Einöde wird lustig sein, und das Gefilde wird fröhlich stehen und wird blühen wie die Lilien. Jes. 35, 1.

F. Welchen Auftrag hatte Jesaias an Hiskia?

A. So spricht der HErr: Bestelle dein Haus, denn du wirst sterben und nicht lebendig bleiben. Jes. 38, 1.

F. Was that Hiskia, als er das hörte?

A. Er betete zum HErrn und weinte. Jes. 38, 2. 3.

F. Erhörte Gott sein Gebet?

A. Er hörte sein Gebet und

sah seine Thränen und legte seinen Jahren noch fünfzehn zu. Jes. 38, 5.

F. Was that Hiskia nach seiner Genesung?

A. Er schrieb einen Lobgesang. Jes. 38, 9–20.

F. Welche freundliche Einladung gibt Jesaias den Sündern?

A. Wohlan, die ihr durstig seid, kommt her zum Wasser, und die ihr nicht Geld habt, kommt her, kaufet und esset; kommt her, und kauft ohne Geld und umsonst beides, Wein und Milch. Jes. 55, 1.

F. Zu wem ermahnt er sie, sich zu bekehren?

A. Zum HErrn. Jes. 55, 7.

F. Welche Verheißung ist dem gegeben, der das thut?

A. Der HErr wird sich sein erbarmen; denn bei Ihm ist viel Vergebung. Jes. 55, 7.

Sieben-und-dreißigste Lektion.

F. Welche Namen werden Christo im Propheten Jesaias beigelegt?

A. Wunderbar, Rath, Kraft, Held, Ewig, Vater, Friedefürst. Jes. 9, 6. [men?

F. Was soll kein Ende neh-

A. Sein Königreich.

F. Was, sagte Jesaias, werde auf Christo ruhen?

A. Der Geist des HErrn. Jes. 11, 2.

F. Welches Bild gebraucht Jesaias von Christo?

A. Das eines Lammes. Jes. 53, 7.

F. Was sagt er von Christo, daß Er vor den Menschen sei?

A. Der Allerverachtetste und Unwertheste. Jes. 53, 3.

F. Wie werde Christus sonst sein?

A. Voller Schmerzen und Krankheit.

F. Wofür sollte Er verwundet werden?

A. Um unserer Missethat willen. Jes. 53, 5.

F. Was sollte auf Ihn gelegt werden?   [53, 6.

A. Unser Aller Sünde. Jes.

F. Wem sollte Christus gleich gerechnet werden?

A. Den Uebelthätern. Jes. 53, 12.

F. Wann wurden diese Weissagungen erfüllt?

A. Als Christus am Kreuze starb. Luk. 23, 32; Mark. 15, 19. 27. 28.

F. Wovon, sagte Jesaias, sollte die Erde voll werden?

A. Von der Erkenntniß des HErrn. Jes. 11, 9.

F. In welchem Zustande werde alsdann die Welt sein?

A. In einem friedlichen, gesegneten, und glücklichen. Jes. 11, 6–9; 52, 9.

F. Wodurch sollen Gottes Kinder bereitet werden?

A. Durch Gerechtigkeit. Jes. 54, 14.

F. Von wem sollen sie gelehret werden?

A. Vom HErrn. Jes. 54, 13.

F. Wie soll es allem Zeug gehen, der wider Gottes Volk zugerichtet wird?

A. Es soll ihm nicht gelingen. Jes. 54, 17.

F. Was wolle Gott mit seinem Volk machen?

A. Einen ewigen Bund, und sie zur Pracht und Freude. Jes. 55, 3; 60, 15.

F. Was soll man in ihren Grenzen nicht mehr hören?

A. Weder Schaden noch Verderben. Jes. 60, 18.

F. Was sagt Jeremias von der Erkenntniß des HErrn in jener Zeit?

A. Sie sollen Alle den HErrn kennen, beide Kleine und Große. Jer. 31, 34.

F. Ueber wen wolle sich der HErr freuen?

A. Ueber sein Volk. Jes. 65, 19.

F. Was soll man in Jerusalem nicht mehr hören?

A. Die Stimme des Weinens, noch die Stimme des Klagens. Jes. 65, 19.

F. Wen wolle der HErr zusammenbringen?

A. Die Verjagten in Israel und die Zerstreuten aus Juda. Jes. 11, 12.

F. Woher wolle der HErr sein Volk zusammenführen?

A. Aus allen Landen. Ez. 34, 24.

F. Wovon will Er ihnen Ruhe geben?

A. Von ihrem Jammer und Leid. Jes. 14, 3.

Acht-und-dreißigste Lektion

F. Wer war Jeremias?

A. Der Sohn Hilkias.

F. Was war Hilkia?

A. Er war ein Priester. Jer. 1, 1.

F. Wozu hatte Gott den Jeremias ausgesondert?

A. Zum Propheten unter die Völker. Jer. 1, 5.

F. Ueber wen prophezeite er Gottes Strafgerichte?

A. Ueber die Juden.

F. Was thaten sie ihm dafür?

A. Man warf ihn in's Gefängniß. Jer. 20, 2.

F. Wer that das?

A. Pashur.

F. Wer war Pashur?

A. Ein Sohn Immers, des Priesters. Jer. 20, 1.

F. Welche Strafe kündigte Jeremias dem Pashur an?

A. Er und seine Hausgenossen werden in die Gefangenschaft weggeführt werden. Jer. 20, 6.

F. Welcher König schickte zu Jeremias?

A. Zedekia. Jer. 21, 1.

F. Worüber ließ er ihn fragen?

A. Ueber seinen Erfolg im Krieg mit Nebukadnezar. Jer. 21, 2.

F. Wer, sagte Jeremias, würde gegen ihn streiten?

A. Der HErr. Jer. 21, 5.

F. Wen wolle Er schlagen?

A. Die Bürger der Stadt. Jer. 21, 6.

F. Wie sollte es Zedekia dabei gehen?

A. Er werde nach Babylon in die Gefangenschaft geführt werden. Jer. 21, 7.

F. Wonach wolle Gott sie heimsuchen?

A. Nach der Frucht ihres Thuns. Jer. 21, 14.

F. Was werde Gott unter sie schicken?

A. Schwert, Hunger, und Pestilenz. Jer. 24, 10.

F. Welcher falsche Prophet stand zu Jeremias Zeit auf?

A. Hanania. Jer. 28, 1.

F. Wer widerstand ihm?

A. Jeremias.

F. Was war die Folge davon?

A. Jeremias wurde in's Gefängniß geworfen.

F. Unter wessen Regierung weissagte Jeremias dann?

A. Unter der Regierung Jojakims. Jer. 26, 1.

F. Was sagte das Volk, als sie ihn hörten?

A. Du mußt sterben. Jer. 26, 8.

F. Was sagten die Fürsten, nachdem sie ihn verhört hatten?

A. Dieser ist nicht des Todes schuldig. Jer. 26, 16.

F. Wer nahm sich zu der Zeit des Jeremia an?

A. Ahikam, der Sohn Saphans. Jer. 26, 24.

F. Von wem wurde Jerusalem unter der Regierung Zedekias belagert?

A. Von den Chaldäern. Jer. 37, 5.

F. Warum wurde Jeremias dies Mal in eine Grube geworfen?

A. Weil er gegen Jerusalem weissagte. Jer. 38, 4.

F. Wie war die Grube?

A. Es war kein Wasser darin, aber Schlamm. Jer. 38, 6.

F. Wer holte Rath bei Jeremias?

A. Zedekia. Jer. 38, 14.

F. Welchen Rath gab er ihm?

A. Sich den Chaldäern zu übergeben. Jer. 38, 17.

F. Wie, sagte Jeremias, würde es gehen, wenn er es nicht thue?

A. Jerusalem werde mit Feuer verbrannt werden. Jer. 38, 18.

F. Was that Zedekia, als Jerusalem eingenommen wurde?

A. Er floh. Jer. 39, 4.

F. Wo wurde er ergriffen?

A. Im Felde bei Jericho. Jer. 39, 5.

F. Zu wem wurde er geführt?

A. Zu Nebukadnezar, dem König von Babylon. Jer. 39, 5.

F. Was that ihm Nebukadnezar?

A. Er ließ ihm die Augen ausstechen, und ihn mit Ketten binden. Jer. 39, 7.

F. Wie gieng es ihm nachher?

A. Er starb im Gefängniß in Babylon. Jer. 52, 11.

F. Wer schrieb die Klagelieder?

A. Jeremias.

F. Warum, sagte er, liegen die Straßen gegen Zion wüste?

A. Weil Niemand auf ein Fest komme. Klagel. Jer. 1, 4.

F. Wie viele große jährliche Feste wurden sonst gehalten?

A. Drei. 2 Mos. 23, 14.

F. Warum wurden sie damals nicht mehr gehalten?

A. Weil das Volk in der Gefangenschaft in Babylon war.

F. Warum hatte der HErr Zion heimgesucht?

A. Um ihrer großen Sünden willen. Klagel. Jeremias 1, 5.

Neun-und-dreißigste Lektion.

F. Von wem wurde Hesekiel in die Gefangenschaft nach Babylon abgeführt?

A. Von Nebukadnezar.

F. Um welche Zeit?

A. Zur Zeit, da der König Joachin gefangen war.

F. Was war Hesekiel, ehe er das Prophetenamt antrat?

A. Er war Priester. Hes. 1, 3.

F. Wo kam des HErrn Wort zum ersten Mal zu ihm?

A. Am Wasser Chebar. Hes. 1, 3.

F. Von welchem Fluß war Chebar ein Nebenfluß?

A. Vom Euphrat.

F. Was that Hesekiel nach dem ersten Gesicht, das er hatte?

A. Er fiel auf sein Angesicht. Ezech. 1, 28.

F. Was sagte der HErr dann zu ihm?

A. Du Menschenkind, tritt auf deine Füße, so will ich mit dir reden. Hes. 2, 1.

F. Was geschah darauf?

A. Hesekiel ward wieder erquickt, und trat auf seine Füße. Hes. 2, 2.

F. Zu wem wollte ihn der HErr schicken?

A. Zu den Kindern Israels. Hes. 2, 3.

F. Was sagte der HErr damals von ihnen?

A. Sie sind ein ungehorsam Haus. Hes. 2, 5.

F. Wovor sollte Hesekiel sich nicht fürchten?

A. Weder vor ihnen, noch vor ihren Worten, noch vor ihrem Angesicht. Hes. 2, 6.

F. Wessen Wort sollte er ihnen sagen? [2, 7.

A. Des HErrn Wort. Hes.

F. Was sah Hesekiel in einer Hand, die gegen ihn ausgereckt war?

A. Einen zusammengelegten Brief. Hes. 2, 9.

F. Was stand darin geschrieben?

A. Klage, Ach und Weh. Hes. 2, 10.

F. Was sollte Hesekiel mit dem Brief thun?

A. Ihn essen. Hes. 3, 1.

F. Wozu, sagte der HErr, habe er Hesekiel gesetzt?

A. Zum Wächter über das Haus Israel. Hes. 3, 17.

F. Was war über Jerusalem geweissagt?

A. Der HErr wolle es zur Wüste und zur Schmach setzen vor allen Heiden. Hes. 5, 14.

F. Wodurch sollten die Einwohner umkommen?

A. Durch's Schwert, Hunger und Pestilenz. Hes. 5, 17.

F. Wo werden sie dann an den HErrn gedenken?

A. Unter den Heiden, da sie gefangen sein müssen. Hes. 6, 9.

F. Was wolle der HErr alsdann mit ihnen aufrichten?

A. Einen ewigen Bund. Hes. 16, 60.

F. Wer freute sich über Jerusalems Fall?

A. Tyrus. Hes. 26, 2.

F. Was wollte der HErr Tyrus dafür thun?

A. Sie solle den Heiden zum Raub werden. Hes. 26, 5.

F. Wer werde über sie kommen?   [16, 7.

A. Nebukadnezar. Hesek.

F. Wie wird Nebukadnezar in diesem Vers genannt?

A. Ein König aller Könige. Hes. 16, 7.

F. Wie lang brauchte er, bis er Tyrus eingenommen hatte?

A. Dreizehn Jahre.

F. Wie lang nach der Zerstörung Jerusalems wurde Tyrus zerstört?

A. Etwa fünfzehn Jahre nachher.

Vierzigste Lektion.

F. Wie viel Jahre vor Christi Geburt fand die babylonische Gefangenschaft statt?

A. Sechs hundert und sechs Jahre.

F. Welche hervorragende Jünglinge waren unter den Gefangenen?

A. Daniel, Hananja, Misael, und Asarja. Daniel 1, 6.

F. Welchen Namen gab Aspenas dem Daniel?

A. Beltsazar. Dan. 1, 7.

F. Welchen dem Hananja?

A. Sadrach.

F. Wie hieß er Misael?

A. Mesach.

F. Wie den Asarja?

A. Abednego.

F. Was wollte der König, daß sie lernen sollten?

A. Die chaldäische Schrift und Sprache. Dan. 1, 4.

F. Was schrieb der König für sie vor?

A. Was man ihnen täglich geben solle von seiner Speise und von seinem Wein.

F. Was bat Daniel von dem obersten Kämmerer?

A. Daß er sich mit des Königs Speise und Wein nicht verunreinigen müsse. Dan. 1, 8.

F. Wie war der oberste Kämmerer gegen Daniel?

A. Er war ihm günstig und gnädig. Dan. 1, 9.

F. Vor wem aber fürchtet

Daniel betend.

er sich, daß er ihm seine Bitte nicht gewähren würde?

A. Vor Nebukadnezar.

F. Wen hatte Aspenas über Daniel, Sadrach, Mesach, und Abednego gesetzt?

A. Melzar. Dan. 1, 11.

F. Um was baten sie den Melzar?

A. Es zehn Tage mit ihnen zu versuchen und ihnen Gemüse zu essen und Wasser zu trinken zu geben. Dan. 1, 12.

F. Wie waren sie nach den zehn Tagen?

A. Schöner denn alle Knaben, die von des Königs Speise aßen. Dan. 1, 13.

F. Was gab Gott ihnen?

A. Kunst und Verstand in allerlei Schrift und Weisheit. Dan. 1, 17.

F. Was beunruhigte den König Nebukadnezar?

A. Ein Traum. Dan. 2, 1.

F. Wozu ließ er die Sternseher und die Weisen fordern?

A. Daß sie ihm seinen Traum sagen sollten. Dan. 2, 2.

F. Was, sagte der König, sollte ihnen geschehen, wenn sie ihm den Traum nicht sagen könnten?

A. Sie sollten getödtet werden. Dan. 2, 5.

F. Was sagte Daniel, als er davon hörte?

A. Wenn der König ihm Frist gebe, so wolle er ihm die Deutung sagen. Dan. 2, 16.

F. Warum zeigte Daniel das seinen Gesellen an?

A. Daß sie Gott vom Himmel um Gnade bäten, solches verborgenen Dings wegen. Dan. 2, 18.

F. Wann wurde Daniel der Traum angezeigt?

A. Des Nachts durch ein Gesicht. Dan. 2, 19.

F. Was that der König, als er ihm den Traum gedeutet hatte?

A. Er fiel auf sein Ange=
sicht, und betete an vor Daniel.
Dan. 2, 46.   [niels Gott?]

F. Was sagte er über Da=
A. Er sei ein Gott über alle
Götter. Dan. 2, 47.

F. Welches Amt übergab
der König dem Daniel?

A. Er machte ihn zum Für=
sten über das ganze Land zu
Babel. Dan. 2, 48.

Ein=und=vierzigste Lektion.

F. Wem befahl Nebukad=
nezar, das goldne Bild, das er
hatte setzen lassen, anzubeten?
A. Jedermann ohne Unter=
schied. Dan. 3, 4.

F. Was, sagte er, sollte dem
geschehen, der es nicht thun
würde?

A. Er solle in den glühenden
Ofen geworfen werden. Dan.
3, 6.

F. Wer weigerte sich, das
Bild anzubeten?

A. Sadrach, Mesach, und
Abednego. Dan. 5, 12.

F. Wer, sagten sie, könne
sie wohl aus dem feurigen
Ofen erretten?

A. Der Gott, den sie ehren.
Dan. 3, 17.

F. Wie gieng es denen, die sie
in den feurigen Ofen warfen?

A. Sie verdarben von des
Feuers Flammen. Dan. 3, 22.

F. Was sah Nebukadnezar,
als er in den Ofen hineinsah?

A. Vier Männer unver=
sehrt los im Feuer gehen. Dan.
3, 25.

F. Wie war die Gestalt des
Vierten?

A. Gleich als wäre er ein
Sohn der Götter. Dan. 3, 25.

F. Wie waren sie, als sie
aus dem Ofen herauskamen?

A. Ihr Haupthaar war nicht
versenget, und ihre Mäntel
nicht versehret; ja man konnte
keinen Brand an ihnen rie=
chen. Dan. 3, 27.

F. Wer deutete Nebukad=
nezars zweiten Traum?

A. Daniel. Dan. 4, 15.

F. Welches war die Deu=
tung?

A. Er sollte von den Leuten
verstoßen werden und bei den
Thieren auf dem Felde bleiben
und Gras essen, wie sie. Dan.
4, 29.

F. Wie lange?

A. Sieben Jahre lang.
Dan. 4, 32.

F. Wie lang nach der Deu=
tung dieses Traums gieng er
in Erfüllung?   [4, 29.

A. Ein Jahr nachher. Dan.

F. Was that Nebukadnezar,
als er wieder zum Verstand
kam?

A. Er lobte Gott. Dan.
4, 34.

Zwei-und-vierzigste Lektion.

F. Welcher König machte seinen Gewaltigen und Hauptleuten ein Mahl?

A. Belsazar. Dan. 5, 1.

F. Was ließ er dazu bringen?

A. Die goldnen und silbernen Gefäße aus dem Hause des HErrn. Dan. 5, 2.

F. Wer hatte diese Gefäße aus dem Tempel weggenommen?

A. Nebukadnezar. Dan. 5, 2.

F. Was sahen sie, als sie daraus tranken?

A. Die Finger einer Hand auf die getünchte Wand schreiben. Dan. 5, 5.

F. Welchen Eindruck machte das auf den König Belsazar?

A. Er entfärbte sich, und seine Gedanken erschreckten ihn. Dan. 5, 6.

F. Konnten die Weisen von Babylon die Schrift lesen?

A. Nein. Dan. 5, 8.

F. Wer sprach von Daniel?

A. Die Königin. Daniel 5, 10.

F. Was sagte sie von ihm?

A. Daß er viel Weisheit besitze. Dan. 5, 11. 12.

F. Wie legte Daniel die Schrift aus?

A. Mene, Mene, Tekel, Upharsin. Dan. 5, 25.

F. Was bedeutet Mene?

A. Gott hat dein Königreich gezählet und vollendet. Dan. 5, 26.

F. Was bedeutet Tekel?

A. Man hat dich in einer Wage gewogen und zu leicht erfunden. Dan. 5, 27.

F. Was bedeutet Peres?

A. Dein Königreich ist zertheilet und den Medern und Persern gegeben. Dan. 5, 28.

F. Bedeutet Peres und Upharsin dasselbe?

A. Wahrscheinlich.

F. Wie gieng es Belsazar hernach?

A. Er wurde in derselben Nacht getödtet. Dan. 5, 30.

F. Wer nahm dann das Reich ein?

A. Darius. Dan. 5, 31.

F. Wen setzte er über alle Fürsten?

A. Daniel. Dan. 6, 2.

F. Warum hatte er Daniel den andern vorgezogen?

A. Weil ein hoher Geist in ihm war. Dan. 6, 3.

F. Warum konnten die Fürsten keine Uebelthat in Daniel finden?

A. Er war treu, daß man keine Schuld an ihm finden konnte. Dan. 6, 4.

F. Was war die einzige Sache, über die sie glaubten, ihn beschuldigen zu können?

A. Sein Gottesdienst. Dan. 6, 5.

F. Welches Gebot überredeten die Fürsten den Darius zu unterschreiben?

A. Wer in dreißig Tagen Etwas bitten werde von irgend einem Gott oder Menschen, ohne von dem König allein, der soll zu den Löwen in den Graben geworfen werden. Dan. 6, 7.

F. Was that Daniel doch, als er das wußte?

A. Er betete zu Gott, wie vorher. Dan. 6, 10.

F. Wie war der König darüber gestimmt, als er davon hörte?

A. Er war sehr betrübt. Dan. 6, 15.

F. Wofür bemühte er sich?

A. Daniel zu erlösen. Dan. 6, 14.

F. Wie lange?

A. Bis die Sonne untergieng. Dan. 6, 15.

F. Was geschah dann Daniel?

A. Er wurde zu den Löwen in den Graben geworfen. Dan. 6, 16.

F. Wie brachte der König jene Nacht zu?

A. Er konnte nicht schlafen noch essen. Dan. 6, 18.

F. Wohin gieng er früh Morgens?

A. Zum Löwengraben. Dan. 6, 19.

F. Was sagte nun Daniel, daß Gott für ihn gethan habe?

A. Er habe seinen Engel gesandt, der den Löwen den Rachen zugehalten habe, daß sie ihm kein Leid thun konnten. Dan. 6, 22.

F. Wie war der König darüber gestimmt?

A. Er war sehr froh. Dan. 6, 23.

F. Was befahl der König, Daniels Verklägern zu thun?

A. Sie in den Löwengraben zu werfen. Dan. 24, 6.

F. Wie gieng es Daniel nachher?

A. Er ward gewaltig im Königreich Darii. Daniel 6, 28.

Drei-und-vierzigste Lektion.

F. Unter welchem König von Israel prophezeite Hosea?

A. Unter Jerobeam.

F. Welches war der Gegenstand seiner Weißagungen?

A. Strafen über Israels Sünden.

F. Ueber wen kündigte Joel das Gericht an?

A. Ueber die Feinde des Volkes Gottes.

F. Ueber wen, sagte er, wolle Gott seinen Geist ausgießen?

Jonas wird in's Meer geworfen.

A. Ueber alles Fleisch. Joel 3, 1.

F. Was werde die Folge davon sein?

A. Das Volk werde weissagen. Joel 3, 1.

F. Wann ist diese Weissagung in Erfüllung gegangen?

A. Am Pfingstfest. Apostg. 2, 4.

F. Unter wessen Regierung weissagte Amos?

A. Unter der Regierung Usias. Amos 1, 1.

F. Welche Propheten lebten gleichzeitig mit Amos?

A. Jonas und Hosea.

F. Was war Amos, ehe er Prophet wurde?

A. Ein Hirte.

F. Worüber weissagte er?

A. Ueber die Unterdrückung der Juden von benachbarten Völkern.

F. Worauf bezog sich Obadjas Weissagung hauptsächlich?

A. Auf den Untergang der Edomiter.

F. Wer hatte den Auftrag wider Ninive zu weissagen?

A. Jonas. Jonas 1, 2.

F. Von welchem Land war Ninive die Hauptstadt?

A. Von Assyrien.

F. Was that Jonas?

A. Er machte sich auf und flohe vor dem HErrn. Jon. 1, 3.

F. Wohin gieng er?

A. Nach Japho. Jon. 1, 3.

F. Was fand er dort?

A. Ein Schiff, das nach Tarsus gieng.

F. Was that Jonas dann?

A. Er bezahlte sein Fahrgeld und gieng auf's Schiff.

F. Was geschah alsdann?

A. Es erhob sich ein großes Ungewitter auf dem Meer. Jon. 1, 4.

F. Was thaten die Schiffsleute?

6

A. Sie schrieen ein Jeglicher zu seinem Gott. Jon. 1, 5.

F. Was sagte der Schiffsherr zu Jonas, als er ihn aufweckte?

A. Was schläfest du? Stehe auf! rufe deinen Gott an! Jon. 1, 6.

F. Welcher Vorschlag wurde nun gemacht?

A. Sie wollten loosen.

F. Wozu?

A. Um zu erfahren, um weßwillen es ihnen so übel gehe.

F. Wen traf das Loos?

A. Jonas. Jon. 1, 7.

F. Was sagte er, daß sie ihm thun sollten?

A. Ihn in's Meer werfen. Jon. 1, 12.

F. Wie gieng es, nachdem sie ihn in's Meer geworfen hatten?

A. Das Meer stand still von seinem Brausen. Jonas 1, 15.

F. Was hatte der HErr verschafft, um Jonas zu verschlingen?

A. Einen großen Fisch. Jon. 2, 1.

F. Wie lange war Jonas im Leib des Fisches?

A. Drei Tage und drei Nächte.

F. Was geschah dann?

A. Der Fisch speiete Jonas aus an's Land. Jon. 2, 11.

F. Was geschah nun zum zweiten Mal?

A. Des HErrn Wort kam zu Jona. Jon. 3, 1.

F. Was befahl ihm der HErr abermals?

A. Mache dich auf, gehe in die große Stadt Ninive und predige was ich dir sage. Jon. 3, 2.

F. Was that nun Jonas?

A. Er gieng hin, wie ihm der HErr gesagt hatte. Jonas 3, 3.

F. Was sagte er dort?

A. Es sind noch vierzig Tage, so wird Ninive untergehen.

F. Was thaten die Leute von Ninive?

A. Sie glaubten an Gott, ließen ein Fasten ausrufen und zogen Säcke an. Jon. 3, 5.

F. Was that Gott, als er sah, daß sie sich bekehrten von ihrem bösen Wege?

A. Er that das Uebel nicht, das er geredet hatte ihnen zu thun. Jon. 3, 10.

F. War Jonas froh darüber?

A. Es verdroß ihn sehr, und er ward zornig. Jon. 4, 1.

F. Was bat er von Gott?

A. Er solle seine Seele von ihm nehmen. Jon. 4, 3.

F. Was fragte ihn Gott?

A. Meinst du, daß du billig zürnest? Jon. 4, 4.

F. Was machte sich Jonas, als er vor die Stadt hinausgieng?

A. Eine Hütte. Jon. 4, 5.

F. Was ließ Gott wachsen zum Schatten für Jonas?

A. Einen Kürbis. Jon. 4, 6.

F. War Jonas froh darüber?

A. Er freute sich sehr.

F. Was verschaffte der HErr am folgenden Morgen, um den Kürbis zu zerstören?

A. Einen Wurm. Jon. 4, 7.

F. Was sagte dann Jonas?

A. Ich wollte lieber todt sein, denn leben. Jon. 4, 8.

F. Was sagte Gott abermals zu Jonas?

A. Meinst du, daß du billig zürnest? Jon. 4, 9.

F. Was antwortete Jonas?

A. Billig zürne ich, bis an den Tod.

F. Was sagte Gott dann?

A. Dich jammert des Kürbis, daran du nicht gearbeitet hast, und Mich sollte nicht jammern Ninive, solcher großen Stadt?

F. Wie viele Menschen waren in Ninive, die nicht Unterschied wußten, was rechts oder links ist?

A. Mehr denn hundert und zwanzig tausend Menschen. Jon. 4, 11.

Vier-und-vierzigste Lektion.

F. Welche Stadt nannte Micha als den Geburtsort Christi?

A. Bethlehem. Mich. 5, 1.

F. Gieng diese Prophezeiung in Erfüllung?

A. Ja. Matth. 2, 1.

F. Wovon weissagte Nahum?

A. Von der Zerstörung Ninives.

F. An welchem Fluß lag Ninive?

A. Am Tigris.

F. Welcher andere Prophet spricht noch von der Zerstörung Ninives?

A. Zephania. Zeph. 2, 13-15.

F. Wie befahl der HErr dem Habakuk, sein Gesicht aufzuschreiben?

A. Male es auf eine Tafel, daß es lesen kann, wer vorüber geht. Hab. 2, 2.

F. Mit welchem Namen wird im Propheten Haggai auf Christum hingedeutet?

A. Aller Heiden Trost. Hag. 2, 8.

F. Welchen Namen gibt Ihm Sacharja?

A. Zemah, d. h. Zweig. Sach. 6, 12.

F. Welche andere Propheten geben Ihm denselben Namen?

A. Jesaias und Jeremias. Jes. 9, 1; Jer. 23, 5.

F. Was sagt Sacharja von Christo?

A. Er sei ein König, ein Gerechter und ein Helfer. Sach. 9, 9.

F. Welches ist das letzte Buch im alten Testament?

A. Der Prophet Maleachi.

F. Wessen Kommen in die Welt kündigt Maleachi an?

A. Johannis, des Täufers. Mal. 4, 5.

F. Wie heißt er ihn?

A. Elias. Mal. 4, 5.

F. Wozu sollte Johannes kommen?

A. Um den Weg vor Christo her zubereiten. Maleachi 3, 1.

F. Was sagt Maleachi von den Gottesfürchtigen?

A. Sie trösten einander. Mal. 3, 16.

F. Womit trösten sie sich?

A. Damit, daß sie sagen: Der HErr merkt's und höret's.

F. Was sei vor dem HErrn geschrieben für die, so Ihn fürchten?

A. Ein Denkzettel.

F. Was hat ihnen Gott verheißen?

A. Sie sollen Mein Eigenthum sein, des Tages den Ich machen will. Mal. 3, 17.

F. Zwischen wem soll ein Unterschied sein?

A. Zwischen dem, der Gott dienet, und zwischen dem, der Ihm nicht dienet. Mal. 3, 18.

F. Wie lang stand es an zwischen der letzten Prophezeiung und der Geburt Christi?

A. Etwa vierhundert Jahre.

Fünf-und-vierzigste Lektion.

F. Wer kam in die Welt, die Sünder selig zu machen?

A. Jesus Christus. 1 Tim. 1, 15.

F. Was bedeutet das Wort Jesus?

A. Seligmacher. Matth. 1, 21.

F. Was bedeutet das Wort Christus?

A. Der Gesalbte.

F. Wo ward Jesus geboren?

A. In Bethlehem. Matth. 2, 1.

F. In welchem Lande ist Bethlehem?

A. In Judäa.

F. Wo ist Judäa?

A. Im Süden von Canaan.

F. Wer war der Pflegevater von Jesu?

A. Joseph. Matth. 1, 16.

F. Wer war seine Mutter?

A. Maria.

Die Hirten sehen den Stern am Himmel.

F. Wo lag Christus, nachdem Er geboren war?

A. In einer Krippe. Luc. 2, 7.

F. Warum wurde Er in eine Krippe gelegt?

A. Weil kein Raum in der Herberge war.

F. Wer war in derselbigen Gegend?

A. Hirten. Luc. 2, 8.

F. Was thaten sie?

A. Sie hüteten ihrer Heerden bei Nacht.

F. Wer erschien ihnen?

A. Der Engel des HErrn. Luc. 2, 9.

F. Was umleuchtete sie?

A. Die Klarheit des HErrn.

F. Welchen Eindruck machte das auf sie?

A. Sie fürchteten sich sehr.

F. Was sagte der Engel zu ihnen?

A. Fürchtet euch nicht; siehe, ich verkündige euch große Freude. Luc. 2, 10.

F. Wer, sagte der Engel, sei ihnen geboren?

A. Der Heiland, welcher ist Christus der HErr.

F. Wie würden sie Ihn finden?

A. In Windeln gewickelt, und in einer Krippe liegend. Luc. 2, 12.

F. Wer war plötzlich bei dem Engel?

A. Die Menge der himmlischen Heerschaaren. Luc. 2, 13.

F. Was thaten die?

A. Sie lobten Gott.

F. Was sagten sie?

A. Ehre sei Gott in der Höhe, und Friede auf Erden, und den Menschen ein Wohlgefallen. Luc. 2, 14.

F. Was sagten die Hirten zu einander, nachdem die Engel von ihnen gen Himmel fuhren?

A. Laßt uns nun gehen gen Bethlehem, und die Geschichte sehen, die da geschehen ist. Luc. 2, 15.

F. Was thaten sie, nachdem sie Alles so fanden?

A. Sie breiteten das Wort aus, das zu ihnen von diesem Kinde gesagt war. Luc. 2, 17.

F. Was thaten Alle, die es hörten?

A. Sie wunderten sich der Rede. Luc. 2, 18.

F. Wer wartete auf den Trost Israels?

A. Simeon. Luc. 2, 25.

F. Wie war Simeon?

A. Er war fromm und gottesfürchtig. Luc. 2, 25.

F. Wer war in ihm?

A. Der heilige Geist.

F. Was that Simeon, als Jesus von seinen Eltern in den Tempel gebracht wurde?

A. Er nahm Jesus auf seine Arme und lobte Gott. Luc. 2, 28.

F. Was sagte er?

A. HErr, nun lässest Du deinen Diener im Frieden fahren; denn meine Augen haben deinen Heiland gesehen. Luc. 2, 29. 30.

Sechs-und-vierzigste Lektion.

F. Wer kam, nachdem Jesus geboren war, um Ihn anzubeten?

A. Die Weisen vom Morgenland. Matth. 2, 1.

F. Was ist hier unter dem Morgenlande verstanden?

A. Wahrscheinlich Persien oder Arabien.

F. Wer war damals König von Judäa?

A. Herodes. Matth. 2, 1.

F. Welchen Eindruck machte auf ihn die Nachricht von der Geburt Christi?

A. Er erschrack.

F. Wen ließ er versammeln?

A. Alle Hohepriester und Schriftgelehrte. Matth. 2, 4.

F. Was wollte er von ihnen wissen?

A. Wo Christus sollte geboren werden.

Die Weisen aus dem Morgenlande.

F. Was sagten sie ihm?

A. Zu Bethlehem im jüdischen Lande. Matth. 2, 5.

F. Woher wußten sie das?

A. Aus den Propheten.

F. Wen ließ Herodes dann rufen?

A. Die Weisen. Matth. 2, 7.

F. Was erforschte er von ihnen?

A. Wann der Stern erschienen wäre.

F. Wozu schickte er sie nach Bethlehem?

A. Daß sie nach dem Kindlein forschen sollten. Matth. 2, 8.

F. Warum, sagte er, sollten sie es ihm wieder sagen, wenn sie es gefunden hätten?

A. Daß er auch komme und es anbete.

F. War das die Wahrheit?

A. Wahrscheinlich nicht.

F. Welches war der rechte Grund dafür? [bringen.

A. Das Kindlein umzu-

F. Auf welche Weise fanden sie den Weg?

A. Der Stern, den sie im Morgenland gesehen, gieng vor ihnen hin, bis daß er kam und stand oben über, da das Kindlein war. Matth. 2, 9.

F. Wie war den Weisen zu Muthe, als sie den Stern sahen?

A. Sie waren hoch erfreut. Matth. 2, 10.

F. Wen sahen sie, als sie in das Haus kamen?

A. Das Kindlein mit Maria, seiner Mutter. Mat. 2,11.

F. Was thaten sie?

A. Sie fielen nieder und beteten es an.

F. Was schenkten sie ihm?

A. Gold, Weihrauch, und Myrrhen.

F. Kehrten sie wieder zu Herodes zurück?

A. Nein. Matth. 2, 12.

F. Warum nicht?

A. Weil Gott ihnen im Traum befohlen hatte, es nicht zu thun.

F. Wer erschien dem Joseph, nachdem sie hinweggezogen waren?

A. Der Engel des HErrn. Matth. 2, 13.

F. Wohin, sagte er ihm, daß er fliehen sollte?

A. Nach Egypten.

F. Warum sollte er nach Egypten fliehen?

A. Weil Herodes das Kindlein suchte, um es umzubringen.

F. Gehorchte Joseph der Stimme des Engels?

A. Ja. Matth. 2, 14.

F. Wie lang blieb er in Egypten?

A. Bis nach dem Tod Herodis. Matth. 2, 15.

F. In welche Stadt kehrte er dann zurück?

A. Nach Nazareth. Matth. 2, 23.

F. Wo liegt Nazareth?

A. Im südlichen Theil von Galiläa.

F. Welche Prophezeiung gieng dadurch in Erfüllung?

A. Er soll Nazarenus heißen.

F. Was empfand Herodes, als er sah, daß er von den Weisen betrogen war?

A. Er war sehr zornig. Matthäi 2, 16.

F. Was that er?

A. Er schickte aus und ließ alle Kinder zu Bethlehem tödten, die da zweijährig und drunter waren. Matthäi 2, 16.

Sieben-und-vierzigste Lektion.

F. Wohin giengen die Eltern Jesu jedes Jahr?

A. Nach Jerusalem. Lucas 2, 41.

F. Zu welchem Zweck giengen sie dorthin?

A. Um das Osterfest zu feiern.

F. Wie alt war Jesus, als er das erste Mal mit ihnen gieng?

A. Zwölf Jahre alt. Lucas 2, 42.

F. Wer blieb zurück, als sie wieder nach Hause giengen?

A. Jesus. Luc. 2, 43.

F. Wußten sie es?

A. Nein.

F. Wo dachten sie, daß Er wäre?

A. Unter den Gefährten. Luc. 2, 44.

F. Wie weit giengen sie ohne Ihn?

A. Eine Tagreise.

F. Wo suchten sie Ihn dann?

A. Unter ihren Freunden und Bekannten.

F. Was thaten sie, als sie Ihn dort nicht fanden?

A. Sie giengen wieder nach Jerusalem. Luc. 2, 45.

F. Wie lang suchten sie Ihn, ehe sie Ihn fanden?

A. Drei Tage lang. Lucas 2, 46.

F. Wo fanden sie Ihn dann?

A. Im Tempel sitzen.

F. Bei wem?

A. Mitten unter den Lehrern?

F. Was that Jesus bei ihnen?

A. Er hörte ihnen zu, und fragte sie.

F. Was wird uns gesagt von denen, die Ihm zuhörten?

A. Sie verwunderten sich.

F. Worüber?

A. Ueber seinen Verstand und seine Antworten. Luc. 2, 47.

F. Was sagte seine Mutter, als sie Ihn sah?

A. Mein Sohn, warum hast Du uns das gethan? Luc. 2, 48.

F. Wie, sagte sie, hätten sie Ihn gesucht?

A. Mit Schmerzen.

F. Was antwortete Jesus?

A Was ist es, daß ihr mich gesucht habt? Wisset ihr nicht, daß Ich sein muß in dem, das meines Vaters ist? Luc. 2, 49.

F. Was that Jesus alsdann?

A. Er gieng mit ihnen hinab, und war ihnen unterthan. Luc. 2, 51.

F. Was wird uns nach diesem von Ihm gesagt?

A. Er nahm zu an Weisheit, Alter und Gnade bei Gott und den Menschen. Luc. 2, 52.

F. Wer war der Vorläufer Christi?

A. Johannes der Täufer. Matth. 3, 1.

F. Wo predigte er?

A. In der Wüste des jüdischen Landes.

F. Von was war seine Kleidung?

A. Von Kamelshaaren. Matth. 3, 4,

F. Was aß er?

A. Heuschrecken und wilden Honig.

F. Wer gieng zu ihm hinaus?

A. Die Stadt Jerusalem, und das ganze jüdische Land, und alle Länder an dem Jordan. Matth. 3, 5.

F. Was thaten die Leute?

A. Sie ließen sich taufen, und bekannten ihre Sünden. Matth. 3, 6.

F. Wo entspringt der Jordan?

A. Auf dem Gebirge Libanon.

F. Wo mündet er?

A. In's todte Meer.

F. Wer kam auch zu Johannes?

A. Jesus. Matth. 3, 13.

F. Wozu?

A. Daß er sich von ihm taufen ließe.

F. Was sagte Johannes?

A. Ich bedarf wohl, daß ich von dir getauft werde; und du kommst zu mir? Matth. 3, 14.

F. Was antwortete Jesus?

A. Laß jetzt also sein; also gebührt es uns, alle Gerechtigkeit zu erfüllen. Matth. 3, 15.

F. Was geschah bei der Taufe Jesu?

A. Der Himmel that sich auf über ihm. Matth. 3, 16.

F. Was sah Johannes?

A. Den Geist Gottes herabfahren.

F. In was für einer Gestalt?

A. In der Gestalt einer Taube.

F. Ueber wen kam Er?

A. Ueber Jesum.

F. Was wurde dann gehört?

A. Eine Stimme vom Himmel. Matth. 3, 17.

F. Was sagte diese Stimme?

A. Dieß ist mein lieber Sohn, an welchem Ich Wohlgefallen habe.

F. Wo wurde Jesus nach diesem hingeführt?

A. In die Wüste.

F. Von wem?

A. Vom Geiste.

F. Wie lang fastete Er?

A. Vierzig Tage und vierzig Nächte. Matth. 4, 2.

F. Wer trat dann zu Ihm?

A. Der Versucher. Matth. 4, 3.

F. Was sagte er zu Ihm?

A. Bist du Gottes Sohn, so sprich, daß diese Steine Brod werden.

F. Was antwortete Jesus?

A. Es stehet geschrieben, der Mensch lebt nicht vom Brode allein, sondern von einem jeglichen Wort, das aus dem Munde Gottes gehet. Matth. 4, 4.

F. Wohin führte der Teufel dann Jesum?

A. In die heilige Stadt. Matth. 4, 5.

F. Welche Stadt war das?

A. Jerusalem. Neh. 11, 1.

F. Wohin stellte er Ihn?

A. Auf die Zinne des Tempels. Matth. 4, 5.

F. Was sagte er dann zu Ihm?

A. Bist du Gottes Sohn, so laß dich hinab. Matth. 4, 6.

F. Was antwortete ihm Jesus darauf?

A. Es stehet geschrieben, Du sollst Gott, deinen HErrn, nicht versuchen. Matth. 4, 7.

F. Wohin führte Ihn der Teufel dann?

A. Auf einen sehr hohen Berg. Matth. 4, 8.

F. Was zeigte er Ihm dort?

A. Alle Reiche der Welt und ihre Herrlichkeit. Matth. 4, 8.

F. Unter welcher Bedingung, sagte er, wollte' er sie Jesu geben?

A. Wenn Er niederfalle, und ihn anbete. Matth. 4, 9.

F. Was sagte Jesus darauf?

A. Hebe dich weg von mir, Satan. Matth. 4, 10.

F. Mit welchem Schriftwort widerlegte ihn Jesus?

A. Du sollst Gott, deinen HErrn, anbeten und Ihm allein dienen.

F. Wer kam und diente Jesu, nachdem Ihn der Teufel verlassen hatte?

A. Die Engel. Matth. 4, 11.

Acht-und-vierzigste Lektion.

F. Wie viele Apostel hatte Jesus?

A. Zwölf. Matth. 10, 1.

F. Wie hießen die, die Er zuerst erwählt hatte?

A. Simon, Petrus, und Andreas. Matth. 4, 18. 19.

F. Was war ihre Beschäftigung?

A. Sie waren Fischer.

F. Welche erwählte Jesus nach ihnen?

A. Jakobus und Johannes. Matth. 4, 21.

F. Wessen Söhne waren sie?

A. Die Söhne Zebedäi.

F. Was war ihre Beschäftigung?

A. Sie waren auch Fischer.

F. Wie hießen die übrigen Apostel?

A. Philippus und Bartholomäus, Matthäus und Thomas, Jakobus und Simon von Cana, und Judas Ischarioth. Matth. 10, 3. 4.

F. Was war Matthäus?

A. Er war ein Zöllner. Matth. 10, 3.

F. Wie alt war Jesus, als Er anfing zu predigen?

A. Dreißig Jahre alt.

F. Was that Jesus, als er eine Menge Volks um sich sah?

A. Er gieng auf einen Berg und lehrte sie. Matth. 5, 1.

F. Was sagte Er von seinen Jüngern?

A. Ihr seid das Licht der Welt. Matth. 5, 14.

F. Warum, sagte Er, sollten sie ihr Licht leuchten lassen vor den Leuten?

A. Daß sie ihre guten Werke sehen, und ihren Vater im Himmel preisen. Matth. 5, 16.

F. Was sagte Jesus über das Schwören?

A. Ihr sollt allerdinge nicht schwören. Matth. 5, 34.

F. Wie, sagte er, sollten wir gegen unsere Feinde sein?

A. Er sagte: Liebet eure Feinde. Matth. 5, 44.

F. Was sollen wir denen thun, die uns hassen? [thun.

A. Wir sollen ihnen wohl

F. Welches allgemeine Gebot gab Jesus dann?

A. Ihr sollt vollkommen sein, gleichwie euer Vater im Himmel vollkommen ist. Matthäi 5, 48.

F. Welches Gebet hat sie Jesus gelehrt?

A. Unser Vater in dem Himmel: Dein Name werde geheiliget. Dein Reich komme. Dein Wille geschehe auf Erden, wie im Himmel. Unser täglich Brod gib uns heute. Und vergib uns unsre Schulden, wie wir vergeben unsern Schuldigern. Und führe uns nicht in Versuchung, sondern erlöse uns von dem Uebel; denn Dein ist das Reich und die Kraft und die Herrlichkeit in Ewigkeit. Amen. Matth. 6, 9–13.

F. Wo sollen wir uns Schätze sammeln?   [6, 20.

A. Im Himmel. Matth.

F. Was ist da, wo unser Schatz ist?

A. Unser Herz.

F. Nach was sollen wir am ersten trachten?

A. Nach dem Reich Gottes. Matth. 6, 33.

F. Welchen Eindruck machte diese Rede auf das Volk?

A. Sie entsetzten sich über seiner Lehre. Matth. 7, 28.

F. Warum?

A. Weil Er gewaltig predigte, und nicht wie die Schriftgelehrten. Matth. 7, 29.

F. Welches war das erste Wunder, das Jesus that?

A. Er verwandelte Wasser in Wein. Joh. 2, 1–11.

F. Wo geschah das?

A. Zu Cana in Galiläa.

F. Was für andre Wunder that Jesus noch?

A. Er heilte Kranke, machte Blinde sehend, Taube hörend, und trieb Teufel aus. Matth. 8, 5. 31; 11, 5.

F. Wen weckte Jesus vom Tode auf?

A. Den Lazarus. Joh. 11, 43. 44.

F. Wo wohnte Lazarus?

A. In Bethanien. Joh. 11, 1.

F. Wo war Bethanien?

A. Etwa zwei Meilen von Jerusalem entfernt.

F. Wie hießen die Schwestern von Lazarus?

A. Maria und Martha?

F. Wie, wird uns gesagt, daß Jesus gegen Maria und Martha und gegen Lazarus gesinnt war?

A. Er hatte sie lieb. Joh. 11, 5.

F. Wie lang war Lazarus todt, als Jesus nach Bethanien kam?

A. Vier Tage lang. Joh. 11, 17.

F. Was that Martha, als sie hörte, daß Jesus komme?

A. Sie gieng ihm entgegen. Joh. 11, 20.

F. Was that Maria?

A. Sie blieb daheim sitzen.

F. Was sagte Martha zu Jesu, als sie Ihn sah?

A. HErr, wärest Du hier gewesen, mein Bruder wäre nicht gestorben. Joh. 11, 21.

F. Was sagte Jesus zu ihr?

A. Dein Bruder soll auferstehen. Joh. 11, 23.

F. Wann, sagte sie, daß er auferstehen werde?

A. In der Auferstehung am jüngsten Tage. Joh. 11, 24.

F. Was sagte Jesus dann?

A. Ich bin die Auferstehung und das Leben. Joh. 11, 25.

F. Was that Martha nun?

A. Sie gieng hin und rief ihrer Schwester Maria. Joh. 11, 28.

F. Was sagte sie zu ihr?

A. Der Meister ist da und rufet dir.

F. Was that Maria, als sie das hörte?

A. Sie stand eilend auf und kam zu Ihm. Joh. 11, 29.

F. Was fragte Jesus Maria, als sie gekommen war?

A. Wo habt ihr ihn hingelegt? Joh. 11, 34.

F. Was antworteten sie?

A. HErr, komm, und siehe es.

F. Was that Jesus?

A. Er weinete. Joh. 11, 35.

F. Was sagten die Juden darüber?

A. Siehe, wie hat Er ihn so lieb gehabt! Joh. 11, 36.

F. Wie war das Grab?

A. Es war eine Kluft. Joh. 11, 38.

F. Was lag darauf?

A. Ein Stein.

F. Was sagte Jesus?

A. Hebt den Stein ab. Joh. 11, 39.

F. Was that Jesus, nachdem sie den Stein abgehoben hatten?

A. Er hob seine Augen auf und sprach: Vater, ich danke dir, daß Du mich erhöret hast. Joh. 11, 41.

F. Was that Er dann?

A. Er rief mit lauter Stimme: Lazarus, komm heraus! Joh. 11, 43.

F. Was geschah dann?

A. Der Verstorbene kam heraus. Joh. 11, 44.

F. Was thaten viele der Juden, die das sahen?

A. Sie glaubten an Jesum. Joh. 11, 45.

F. Was thaten die Andern?

A. Sie giengen hin zu den Pharisäern und sagten ihnen, was Jesus gethan hatte. Joh. 11, 46.   [Tage an?

F. Was thaten sie von dem

A. Sie beriethen sich, wie sie Ihn tödteten. Joh. 11, 53.

Neun-und-vierzigste Lektion.

F. Was empfand Jesus, als Er das große Volk um sich versammelt sah?

A. Es jammerte Ihn derselbigen. Matth. 14, 14.

F. Was that Er?

A. Er heilte ihre Kranken.

F. Was sagten seine Jünger zu Ihm, als es Abend wurde?

A. Laß das Volk von Dir, daß sie hin in die Märkte gehen, und ihnen Speise kaufen. Matth. 14, 15.

F. Was sagte Jesus?

A. Es ist nicht noth, daß sie hingehen; gebt ihr ihnen zu essen. Matth. 14, 16.

F. Was, sagten sie, daß sie hätten?

A. Fünf Brode und zwei Fische. Matth. 14, 17.

F. Was hieß der HErr das Volk thun?

A. Sich lagern auf das Gras. Matth. 14, 19.

F. Was that Jesus, als Er das Brod und die Fische nahm?

A. Er sah auf gen Himmel und dankte.

F. Wem gab Er dann die Brode?

A. Den Jüngern.

F. Und wem gaben sie die Jünger?

A. Dem Volke.

F. Was that das Volk?

A. Sie aßen Alle und wurden satt. Matth. 14, 20.

F. Wie viele Körbe voll Brocken huben sie auf?

A. Zwölf.

F. Wie viele waren es, die gegessen hatten?

A. Fünf tausend Mann, ohne Weiber und Kinder. Matth. 14, 21.

F. Was nöthigte Jesus dann seine Jünger, zu thun?

A. Daß sie in ein Schiff traten, und vor Ihm hinüberfuhren. Matth. 14, 22.

F. Wohin fuhren Sie?

A. In das Land Genezareth. Matth. 14, 34.

F. Wohin gieng Jesus, als Er das Volk von sich gelassen hatte?

A. Auf einen Berg.

F. Warum?

A. Um zu beten.

F. Wo waren seine Jünger mit dem Schiff?

A. Mitten auf dem Meer. Matth. 14, 24.

F. Wie gieng es ihnen dort?

A. Sie litten große Noth von den Wellen. Matth. 14, 24.

F. Wer kam dann zu ihnen?

A. Jesus. Matth. 14, 25.

F. Wie kam Jesus zu ihnen?

A. Er gieng auf dem Meer.

F. Was wird uns von den Jüngern gesagt, als sie Ihn sahen?

A. Sie erschracken. Matth. 14, 26.

F. Was sagten sie?

A. Es ist ein Gespenst.

F. Warum schrieen sie?

A. Vor Furcht.

F. Was sagte Jesus zu ihnen?

A. Seid getrost; Ich bin's; fürchtet euch nicht. Matthäi 14, 27.

F. Was sagte dann Petrus zu Jesu?

A. HErr, bist Du es, so heiß mich zu Dir kommen auf dem Wasser. Matth. 14, 28.

F. Was sagte Jesus zu ihm?

A. Komm her. Matth. 14, 29.

F Was that Petrus, als er aus dem Schiff trat?

A. Er gieng auf dem Wasser, daß er zu Jesu käme.

F. Worüber erschrack er?

A. Er sah einen starken Wind. Matth. 14, 30.

F. Was rief er, als er anfing zu sinken?

A. HErr, hilf mir!

F. Was that Jesus?

A. Er reckte die Hand aus, und ergriff ihn. Matth. 14, 31.

F. Was geschah, als sie in das Schiff traten?

A. Der Wind legte sich. Matth. 14, 32.

F. Was thaten die, die im Schiff waren?

A. Sie kamen und fiele vor Jesu nieder. Matth. 14, 33.

F. Was sagten sie?

A. Du bist wahrlich Gottes Sohn.

Fünfzigste Lektion.

F. Wo fand die Verklärung Christi statt?

A. Wahrscheinlich auf dem Berg Tabor.

F. Wo ist der Berg Tabor?

A. Im südöstlichen Theil von Galiläa.

F. Welche Jünger hatte Jesus bei sich?

A. Petrus, Jakobus und Johannes. Matth. 17, 1.

F. Wie sah Jesus aus?

A. Sein Angesicht leuchtete wie die Sonne, und seine Kleider wurden weiß als ein Licht. Matth. 17, 2.

F. Wer erschien ihnen?

A. Moses und Elias. Matthäi 17, 3.

F. Was sagte Petrus?

A. HErr, hier ist gut sein. Matth. 17, 4.

F. Was überschattete sie, als er noch redete?

A. Eine lichte Wolke. Matthäi 17, 5.

F. Was wurde aus der Wolke gehört?

A. Eine Stimme.

F. Was sagte die Stimme?

A. Dies ist mein lieber Sohn, an welchem Ich Wohlgefallen habe; Den sollt ihr hören.

F. Welchen Eindruck machte das auf die Jünger?

A. Sie fielen auf ihr Angesicht und erschraken sehr. Matth. 17, 6.

F. Was that Jesus?

A. Er trat zu ihnen und rührte sie an.

F. Was sagte Er?

A. Stehet auf und fürchtet euch nicht.

F. Wen sahen sie, als sie ihre Augen aufhuben?

A. Niemand, als Jesus allein. Matth. 17, 8.

F. Wer kam ihnen entgegen, als sie vom Berg herab kamen?

A. Viel Volks. Marc. 9, 14.

F. Um was bat Einer aus dem Volke?

A. Daß Jesus sich sein erbarmen möchte und sein Kind heilen.

F. Was fehlte dem Kinde?

A. Es hatte einen sprachlosen Geist. Marc. 9, 17.

F. Was sagte Jesus zu dem Manne?

A. Bring deinen Sohn her zu mir. Luc. 9, 41.

F. Was that Jesus, als er ihn zu Ihm brachte?

A. Er heilte ihn. Luc. 9, 42.

F. Worüber entsetzte sich das Volk?

A. Ueber der Herrlichkeit Gottes. Luc. 9, 43.

F. Wem verglich Jesus das Himmelreich?

A. Einem Menschen, der guten Samen auf seinen Acker säete. Matth. 13, 24.

F. Was that sein Feind, während die Leute schliefen?

A. Er kam, und säete Unkraut zwischen den Weizen. Matth. 13, 25.

F. Was sagten die Knechte zu dem Hausvater, als sie das Unkraut sahen?

A. Herr, hast du nicht guten Samen auf deinen Acker gesäet. Woher hat er denn das Unkraut?

F. Was antwortete er?

A. Das hat der Feind gethan. Matth. 13, 28.

F. Wie lange, sagte er, sollten si beides mit einander wachsen lassen?   [Mat. 13, 30.

A. Bis zur Zeit der Ernte.

F. Was werde er dann zu den Schnittern sagen?

A. Sammelt zuerst das Unkraut, und bindet es in Bündlein, daß man es verbrenne.

F. Was solle mit dem Weizen geschehen?

A. Der solle in die Scheunen gesammelt werden.

F. Wer, sagte Christus, sei der Mensch, der guten Samen auf seinen Acker säe?

A. Des Menschen Sohn. Matth. 13, 37.

F. Was bedeutet der Acker?

A. Die Welt. Mat. 13, 38.

F. Was der gute Same?

A. Die Kinder des Reichs.

F. Wer ist das Unkraut?

A. Die Kinder der Bosheit.

F. Wer der Feind?

A. Der Teufel. Matth. 13, 39.

F. Wann ist die Ernte?

A. Am Ende der Welt.

F. Wer sind die Schnitter?

A. Die Engel.

F. Was wird allen denen geschehen, die da Unrecht thun?

A. Man wird sie in den Feuerofen werfen. Mat. 13, 42.

F. Wie wird es den Gerechten gehen?

A. Sie werden leuchten wie die Sonne in ihres Vaters Reich. Matth. 13, 43.

Ein=und=fünfzigste Lektion.

F. Auf was ritt Jesus, als Er seinen Einzug in Jerusalem hielt?   [Matth. 21, 7.

A. Auf einem Eselsfüllen.

F. Ist Jesus sonst auch geritten?

A. Nein.

F. Was breiteten viele Leute auf den Weg?

A. Ihre Kleider und Zweige von den Bäumen. Mat. 21, 8.

F. Was rief das Volk, das bei Ihm war?

A. Hosianna dem Sohne

7

Davids! gelobt sei der da kommt in dem Namen des HErrn! Matth. 21, 9.

F. Was verlangten die Pharisäer von Jesu?

A. Daß Er seine Jünger strafen sollte. Luc. 19, 39.

F. Was, sagte Jesus, würde die Folge sein, wenn diese schweigen würden?

A. Die Steine würden schreien. Luc. 19, 40.

F. Was that Jesus, als Er nahe zu der Stadt kam?

A. Er weinte über sie. Luc. 19, 41.

F. Was prophezeite Er über Jerusalem? [19, 43.

A. Seine Zerstörung. Luc.

F. Wie lang nachher gieng diese Prophezeiung in Erfüllung?

A. Dreißig Jahre.

F. Was that Jesus in dem Tempel?

A. Er trieb hinaus die Käufer und Verkäufer. Luc. 19, 45.

F. Was, sagte Er, stehe von seinem Haus geschrieben?

A. Mein Haus ist ein Bethaus. Luc. 19, 46.

F. Zu was, sagte Jesus, haben sie es gemacht?

A. Zur Mördergrube.

F. Wer trachtete darnach, daß sie Ihn umbrächten?

A. Die Hohenpriester und Schriftgelehrten. Luc. 19, 47.

F. Wer kam zu Jesu in den Tempel?

A. Blinde und Lahme. Matth. 21, 14.

F. Was that Er ihnen?

A. Er heilte sie.

F. Wen fand Jesus einmal in der Juden-Schule?

A. Einen Menschen mit einer verdorrten Hand. Marc. 3, 1.

F. Was thaten die Juden?

A. Sie hielten auf Jesum, ob Er auch würde am Sabbath heilen. Marc. 3, 2.

F. Welche Absicht hatten die Juden dabei?

A. Sie suchten eine Sache zur Anklage gegen Jesum.

F. Was sagte Jesus zu dem Menschen mit der verdorrten Hand?

A. Tritt hervor.

F. Was fragte Jesus alsdann die Juden?

A. Soll man am Sabbath Gutes thun oder Böses? Marc. 3, 4.

F. Antworteten sie Ihm darauf?

A. Nein; sie schwiegen stille.

F. Wie sah sie Jesus dann an?

A. Mit Zorn. Marc. 3, 5.

F. Worüber war Er betrübt? [Herzen.

A. Ueber ihrem verstockten

F. Was sagte Er zu dem Manne?

A. Strecke deine Hand aus.

F. Was geschah, als er sie ausstreckte?

A. Sie war gesund, wie die andre.

F. Wohin gieng Jesus dann?

A. An das Galiläische Meer. Marc. 3, 7.

F. Was war in Jerusalem bei dem Schafhaus?

A. Ein Teich. Joh. 5, 2.

F. Wie hieß er?

A. Bethesda.

F. Wie viele Hallen hatte er?

A. Fünf.

F. Wer lag in diesen Hallen?

A. Viele Kranke, Blinde, Lahme, Dürre. Joh. 5, 3.

F. Worauf warteten sie?

A. Daß sich das Wasser bewege.

F. Was geschah von Zeit zu Zeit?

A. Ein Engel fuhr herab und bewegte das Wasser. Joh. 5, 4.

F. Wie gieng es dem, der am ersten in das Wasser stieg, nachdem es bewegt war?

A. Der war gesund, mit welcherlei Seuche er behaftet war.

F. Wie lange ward ein Mensch krank gelegen, der auch daselbst war?

A. Acht-und-dreißig Jahre lang. Joh. 5, 5.

F. Was fragte ihn Jesus?

A. Willst du gesund werden? Joh. 5, 6.

F. Was antwortete der Mann?

A. HErr, ich habe keinen Menschen, wenn das Wasser sich bewegt, der mich in den Teich lasse.

F. Was sagte Jesus zu ihm?

A. Stehe auf, nimm dein Bett, und gehe hin. Johan. 5, 8.

F. Was geschah darauf?

A. Alsbald ward der Mensch gesund. Joh. 5, 9.

Zwei-und-fünfzigste Lektion.

F. Welches Wunder that Jesus an einem Menschen, der blind geboren war?

A. Er machte ihn sehend. Joh. 1, 9–7.

F. Auf welche Weise?

A. Er machte einen Koth und schmierte seine Augen damit. Joh. 9, 11.

F. Was sagte Jesus dann dem Blinden, daß er thun solle?

A. Er solle hingehen an den Teich Siloha und sich waschen.

F. Was geschah, als er hingieng und sich wusch?

A. Er ward sehend.

F. Was sagten die Nach-

Der blinde Mann wird sehend gemacht.

barn, die ihn zuvor gesehen hatten?

A. Ist dieser nicht, der da saß und bettelte? Joh. 9, 8.

F. Was fragten sie ihn, als er ihnen sagte, daß er es sei?

A. Wie sind deine Augen aufgethan? Joh. 9, 10.

F. Wie fragten sie weiter, nachdem er ihnen das gesagt?

A. Wo ist Er? Joh. 9, 12.

F. Was antwortete er?

A. Ich weiß nicht.

F. Was glaubte der Blindgeborne, daß Jesus sei?

A. Ein Prophet. Joh. 9, 17.

F. Glaubten die Juden, daß er blind gewesen war?

A. Nein. Joh. 9, 18.

F. Wen riefen sie dann?

A. Seine Eltern.

F. Was fragten sie diese?

A. Ist das euer Sohn, welchen ihr saget er, sei blind geboren? Joh. 9, 19.

F. Was antworteten seine Eltern?

A. Wir wissen, daß dieser unser Sohn ist, und daß er blind geboren ist. Joh. 9, 20.

F. Was thaten ihm die Juden, als er ihnen bekannte, daß er ein Jünger Jesu sei?

A. Sie stießen ihn hinaus. Joh. 9, 34.

F. Was fragte ihn Jesus, als Er davon gehört hatte?

A. Glaubst du an den Sohn Gottes? Joh. 9, 35.

F. Was antwortete er?

A. HErr, welcher ist's, auf daß ich an Ihn glaube. Joh. 9, 36.

F. Was sagte ihm Jesus?

A. Der mit dir redet, der ist's. Joh. 9, 37.

F. Was sagte der Mann dann? [9, 38.

A. HErr, ich glaube. Joh.

F. Und was that er?

A. Er betete Jesum an.

F. Wovon geben uns die Wunder Jesu Beweis?

A. Davon, daß Er Gott ist.

F. Sagte Jesus selbst, daß Er Gott sei?

A. Ja. Joh. 14, 9; 1, 1.

F. Was wurde durch Ihn gemacht?

A. Alle Dinge. Joh. 1, 3.

F. Was sagte Christus von einem reichen Mann?

A. Er kleidete sich in Purpur und köstlicher Leinwand, und lebte alle Tage herrlich und in Freuden. Luc. 16, 19.

F. Wer lag vor seiner Thür?

A. Ein Armer, mit Namen Lazarus. Luc. 16, 20.

F. Womit war der Arme behaftet?

A. Er war voller Schwären.

F. Womit begehrte er, sich zu sättigen?

A. Mit den Brosamen, die von des Reichen Tische fielen. Luc. 16, 21.

F. Wie gieng es Lazarus, nachdem er gestorben war?

A. Er ward getragen von den Engeln in Abrahams Schoos. Luc. 16, 22.

F. Was wird von dem reichen Manne gesagt?

A. Er starb auch, und ward begraben.

F. Wo hob er seine Augen auf?

A. In der Hölle. Luc. 16, 23.

F. Wen sah er von ferne?

A. Abraham und Lazarum in seinem Schooß.

F. Was sagte er?

A. Vater Abraham, erbarme dich mein. Luc. 16, 24.

F. Wozu bat er Ihn, Lazarum zu senden?

A. Daß er das Aeußerste seines Fingers in's Wasser tauche und kühle seine Zunge.

F. Warum das?

A. Weil er Pein litt in der Flamme.

F. Woran erinnerte ihn Abraham?

A. Daß er in seinem Leben Gutes empfangen habe, Lazarus dagegen Böses. Luc. 16, 25.

F. Was geschehe aber jetzt?

A. Lazarus werde getröstet, und er gepeinigt.

F. Was, sagte er, sei zwischen ihnen?

A. Eine große Kluft. Luc. 16, 26.

F. Wohin bat dann der reiche Mann, daß Abraham Lazarum senden solle?

A. In seines Vaters Haus. Luc. 16, 27.

F. Um was zu thun?

A. Um seinen fünf Brüdern

zu bezeugen, daß sie nicht auch kommen an diesen Ort der Qual. Luc. 16, 28.

F. Was sagte Abraham?

A. Sie haben Mosen und die Propheten; laß sie dieselbigen hören. Luc. 16, 29.

F. Was antwortete der reiche Mann?

A. Wenn Einer von den Todten zu ihnen gienge, so würden sie Buße thun. Luc. 16, 30.

F. Was antwortete ihm Abraham?

A. Hören sie Mosen und die Propheten nicht, so werden sie auch nicht glauben, ob Jemand von den Todten aufstünde. Luc. 16, 31.

Drei=und=fünfzigste Lektion.

F. Wer wird einst in Herrlichkeit wieder kommen?

A. Des Menschen Sohn. Matth. 25, 31.

F. Wann?

A. Am Ende der Welt.

F. Wer wird mit Ihm kommen?

A. Alle heiligen Engel.

F. Wo wird Er sitzen?

A. Auf dem Stuhl seiner Herrlichkeit.

F. Wer wird vor Ihm versammelt werden?

A. Alle Völker. Matth. 25, 32.

F. Wie wird Er sie von einander scheiden?

A. Wie ein Hirte die Schafe von den Böcken scheidet.

F. Wohin wird Er die Schafe stellen?

A. Zu seiner Rechten.

F. Wohin die Böcke?

A. Zu seiner Linken.

F. Von wem sind die Schafe ein Bild?

A. Von denen, die Gott lieben und Ihm dienen.

F. Und die Böcke?

A. Sie sind ein Bild der Gottlosen.

F. Was wird der König sagen zu Denen zu seiner Rechten?

A. Kommet her, ihr Gesegneten meines Vaters. Matth. 25, 34.

F. Was sollen sie ererben?

A. Das Reich, das ihnen bereitet ist von Anbeginn der Welt.

F. Was sagt der König, daß sie Ihm gethan haben?

A. Ich bin hungrig gewesen und ihr habt mich gespeiset.

F. Was weiter?

A. Ich bin durstig gewesen, und ihr habt mich getränket.

F. Was thaten sie Ihm, als Er ein Gast war?

A. Sie haben Ihn beherberget.

F. Was thaten sie Ihm, als Er nackend war?

A. Sie haben Ihn bekleidet. Matth. 25, 36.

F. Was haben sie gethan, als Er krank und gefangen war?

A. Sie haben Ihn besucht.

F. In welchem Fall, sagt Jesus, haben sie das Alles Ihm gethan?

A. Wenn sie es den geringsten seiner Brüder gethan haben. Matth. 25, 40.

F. Was wird aber der König zu denen zu seiner Linken sagen?

A. Gehet hin von mir, ihr Verfluchten. Matth. 25, 41.

F. Wohin?

A. In das ewige Feuer.

F. Das für wen bereitet ist?

A. Für den Teufel und seine Engel.

F. Was haben sie nicht gethan?

A. Alles das, was die Gerechten gethan hatten. Matth. 25, 42. 43.

F. Wohin werden die Gottlosen kommen?

A. In die ewige Pein.

F. Und die Gerechten?

A. In das ewige Leben. Matth. 25, 46.

F. Was sagte Jesus seinen Jüngern zum Trost, als Er von seinem Hingang mit ihnen sprach?

A. Euer Herz erschrecke nicht; glaubt ihr an Gott, so glaubet ihr auch an mich. Joh. 14, 1.

F. Wozu, sagte Jesus, gehe Er hin?

A. Ihnen eine Stätte zu bereiten. Joh. 14, 2.

F. Was befahl ihnen Jesus noch an?

A. Liebet ihr mich, so haltet meine Gebote. Joh. 14, 15.

F. Was für einen Tröster wolle Er ihnen senden?

A. Den heiligen Geist. Joh. 14, 16.

F. In was werde er sie leiten?   [16, 13.

A. In alle Wahrheit. Joh.

F. Was ließ ihnen Jesus?

A. Seinen Frieden. Joh. 14, 27.

F. Welches wiederholte Gebot gab Er seinen Jüngern?

A. Sie sollten einander lieben. Joh. 15. 12—17.

F. Was, sagte ihnen Jesus, haben sie zu erwarten?

A. Verfolgung. Joh.15, 20.

F. Wer hatte vor ihnen Verfolgung gelitten?

A. Jesus Christus. Joh. 15, 20.

F. Warum werden die Jünger verfolgt werden?

A. Um seines Namens willen. Joh. 15, 21.

F. Was, sagte ihnen Jesus, werden sie in der Welt haben?

A. Angst. Joh. 16, 33.

F. Warum aber sollten sie getrost sein?

A. Weil Jesus die Welt überwunden habe. Joh. 15, 33.

F. Vor was bat Jesus, daß sie möchten bewahrt bleiben?

A. Vor dem Uebel, das in der Welt ist. Joh. 17, 15.

F. Wie bat Jesus weiter für seine Jünger?

A. Heilige sie in Deiner Wahrheit. Joh. 17, 17.

Vier-und-fünfzigste Lektion.

F. Was fragten die Jünger Jesum am ersten Tage der süßen Brode?

A. Wo willst Du, daß wir Dir bereiten, das Osterlamm zu essen. Matth. 26, 17.

F. Wohin schickte sie Jesus?

A. In die Stadt. Matth. 26, 18; Luc. 27, 7–14.

F. Wer, sagte Jesus, werde ihnen begegnen?

A. Ein Mann, der einen Krug mit Wasser trage. Marc. 14, 13.

F. Was sollten sie zu ihm sagen?

A. Wo ist das Gasthaus, darinnen ich das Osterlamm esse mit meinen Jüngern? Marc. 14, 14.

F. Was werde er ihnen bann zeigen?

A. Einen großen, gepflasterten Saal. Marc. 14, 15.

F. Was sollten sie bort thun?

A. Dort sollten sie das Osterlamm zurichten. Marc. 14, 15.

F. Mit wem kam Jesus des Abends?

A. Mit den zwölf Jüngern. Marc. 14, 17.

F. Was sagte ihnen Jesus, als sie zu Tische saßen?

A. Einer unter euch wird mich verrathen. Marc. 14, 18.

F. Wie war den Jüngern barüber zu Muthe?

A. Sie wurden traurig. Marc. 14, 19.

F. Was fragten sie?

A. HErr, bin ich's? Marc. 14, 19.

F. Wer war der Jünger, ber an der Brust Jesu lag?

A. Johannes. Joh. 19, 26; 20, 2; 21, 7.

F. Was fragte er Jesum?

A. HErr, wer ist's?

F. Was antwortete Jesus?

A. Der ist's, dem ich ben Bissen eintauche und gebe. Joh. 13, 26.

F. Wem gab ihn Jesus?

A. Judas Ischarioth. Joh. 13, 26.

F. Um was hat Judas seinen HErrn verrathen?

A. Um dreißig Silberlinge. Matth. 26, 15.

F. In wessen Hände hat er Ihn überliefert?

A. In die Hände der Hohenpriester und Schriftgelehrten. Luc. 22, 2-4.

F. Was that Jesus, als Er mit seinen Jüngern das Osterlamm aß?

A. Er nahm das Brod, dankete und brach es. Matth. 26, 26.

F. Was sagte Jesus, als Er's ihnen gab?

A. Nehmet, esset; das ist mein Leib. Matth. 26, 26.

F. Was stiftete Er?

A. Das heilige Abendmahl.

F. Wohin giengen sie, nachdem sie den Lobgesang gesprochen hatten?

A. An den Oelberg. Matth. 26, 30.

F. Was sagte Jesus zu ihnen?

A. In dieser Nacht werdet ihr euch alle an mir ärgern. Matth. 26, 31.

F. Was sagte Petrus?

A. Wenn sie auch alle sich an Dir ärgerten, so will ich doch mich nimmermehr ärgern. Matth. 26, 33.

F. Was sagte Jesus zu ihm?

A. Ehe der Hahn zweimal krähet, wirst du mich dreimal verläugnen. Matth. 26, 34.

F. Was sagte Petrus darauf?

A. Ja, wenn ich auch mit Dir sterben müßte, wollte ich Dich nicht verläugnen. Marc. 14, 31.

F. Wohin kam Jesus mit den Jüngern dann?

A. In den Garten Gethsemane. Marc. 14, 32.

F. Was sagte Jesus zu seinen Jüngern?

A. Setzet euch hier, bis daß ich dort hingehe und bete. Matthäi 26, 36.

F. Wen nahm Er mit sich?

A. Petrus, Jakobus, und Johannes. Matth. 26, 37.

F. Was sagte Jesus zu ihnen?

A. Meine Seele ist betrübt bis an den Tod. Mat. 26, 38.

F. Was sagte Jesus, daß sie thun sollten?

A. Bleibet hier, und wachet mit mir.

F. Was that Jesus dann?

A. Er gieng hin ein wenig, fiel nieder auf sein Angesicht und betete. Matth. 26, 39.

F. Wie betete Jesus?

A. Mein Vater, ist es möglich, so gehe dieser Kelch von mir; doch nicht wie ich will, sondern wie Du willst. Matthäi 26, 39.

F. Wie fand Jesus seine Jünger, als Er zu ihnen zurückkam?

A. Schlafend. Mat. 26, 40.

F. Was sagte Er zu Petrus?

A. Könnet ihr denn nicht eine Stunde mit mir wachen?

F. Wie oft gieng Jesus weg, um zu beten?

A. Drei Mal. Matth. 26, 42–44.

F. Was sagte Er, als Er zum dritten Mal wieder zu den Jüngern kam?

A. Ach, wollt ihr nun schlafen und ruhen?

F. In wessen Hände, sagte Jesus, werde Er überantwortet werden?

A. In der Sünder Hande. Matth. 26, 45.

F. Wer sei da?

A. Der Ihn verrathe. Mat. 26, 46.

F. Wer kam, als Jesus noch redete?

A. Judas, und mit ihm eine große Schaar. Matth. 26, 47.

F. Wie waren sie bewaff- [net?

A. Mit Schwertern und mit Stangen. Matth. 26, 47.

F. Welches Zeichen hatte Judas ihnen gegeben, daran sie Jesum erkennen sollten?

A. Er sagte: Welchen ich küssen werde, derselbige ist's. Matth. 26, 48.

F. Was sagte er, sollten sie mit ihm thun?

A. Ihn greifen und Ihn wegführen. Marc. 14, 44.

F. Was thaten die Jünger?

A. Sie verließen Ihn alle und flohen. Marc. 14, 50.

F. Wohin führten sie Jesum?

A. Zu dem Hohenpriester. Marc. 14, 53.

F. Wer war dort versammelt?

A. Alle Hohenpriester, Aeltesten, und Schriftgelehrten. Marc. 14, 53.

F. Wer folgte Jesum von ferne?

A. Petrus. Marc. 14, 54.

F. Wohin gieng er?

A. In den Palast des Hohenpriesters.

F. Was sagte dort eine Magd zu Petro?

A. Du warest auch mit Jesu von Nazareth. Marc. 14, 67.

F. Was that Petrus?

A. Er läugnete es. Marc. 14, 68.

F. Was geschah darauf?

A. Der Hahn krähete. Marc. 14, 68.

F. Was sagte über eine Weile eine andre Magd von ihm?

A. Dieser ist auch der Einer. Marc. 14, 69.

F. Was that Petrus abermals?

A. Er läugnete, daß er Jesum kenne.

F. Was sagten bald darauf die, die dabei stunden, zu Petro?

A. Du bist der Einer, denn du bist ein Galiläer. Marc. 14, 70. [auf?

F. Was that Petrus dar-

A. Er fieng an, sich zu verfluchen und zu schwören. Marc. 14, 71.

F. Was geschah dann?

A. Der Hahn krähete zum andern Mal. Marc. 14, 42.

F. Wodurch wurde Petrus an die Worte Jesu erinnert?

A. Der HErr wandte sich, und sahe Petrum an. Luc. 22, 61.

F. Was that Petrus?

A. Er gieng hinaus und weinte bitterlich. Lucas 22, 26.

Christus das Kreuz tragend.

Fünf-und-fünfzigste Lektion.

F. Was suchten die Hohenpriester und der ganze Rath?

A. Zeugniß wider Jesum. Marc. 14, 55.

F. Um was zu thun?

A. Daß sie Ihn zum Tode brächten.

F. Fanden sie welches?

A. Nein. Marc. 14, 55.

F. Wie behandelten sie Jesum?

A. Etliche verspieen Ihn, schlugen Ihn mit Fäusten, und verdeckten sein Angesicht. Marc. 14, 65.

F. Wohin führten sie Jesum?

A. Zu Pilatus. Matth. 27, 2.

F. Wer war Pilatus?

A. Der römische Landpfleger in Judäa. Luc. 3, 1.

F. Was fragte Pilatus Jesum?

A. Bist du der Juden König? Matth. 27, 11.

F. Was sagte Jesus von seinem Reich?

A. Mein Reich ist nicht von dieser Welt. Joh. 18, 36.

F. Zu wem schickte Pilatus Jesum, als er hörte, daß Er von Galiläa sei?

A. Zu Herodes. Luc. 23, 7.

F. Warum war Herodes froh, Jesum zu sehen?

A. Weil er hoffte, ein Zeichen von Jesum zu sehen. Luc. 23, 8.

F. Was that Herodes mit seinem Hofgesinde?

A. Sie verachteten und verspotteten Jesum. Luc. 23, 11.

F. Was legten sie Jesum an?

A. Ein weißes Kleid.

F. Wohin schickte ihn Herodes wieder?

A. Zu Pilatus. Luc. 23, 11.

F. Was sagte Pilatus, nachdem er Jesum verhört hatte?

A. Ich finde keine Schuld an Ihm. Luc. 23, 14.

F. Was war seine Gewohnheit auf's Osterfest?

A. Dem Volk einen Gefangenen los zu geben. Luc. 23, 17.

F. Wen wollte er ihnen nun los geben?

A. Jesum. Luc. 23, 16.

F. War das Volk damit zufrieden?

A. Nein. Luc. 23, 18.

F. Wen zogen sie Jesum vor?

A. Barabbas. Luc. 23, 18.

F. Wer war Barabbas?

A. Ein Aufrührer und ein Mörder. Luc. 23, 19.

F. Was rief das Volk von Jesu?

A. Kreuzige, kreuzige Ihn! Luc. 23, 21.

F. Was that Pilatus mit Jesu?

A. Er ließ Ihn geißeln und überantwortete Ihn, daß Er gekreuzigt würde. Mat. 27, 26.

F. Wohin führten sie dann Jesum?

A. In das Richthaus. Mat. 27, 27.

F. Was thaten sie Ihm dort?

A. Sie zogen Ihn aus und legten Ihm einen Purpurmantel an. Matth. 27, 28.

F. Was setzten sie auf sein Haupt?

A. Eine Dornenkrone. Matth. 27, 29.

F. Was thaten sie dann?

A. Sie beugten die Kniee vor Ihm und spotteten Ihn.

F. Was sagten sie?

A. Gegrüßet seist du, Judenkönig!

F. Wie entwürdigten sie Jesum weiter?

A. Sie spieen Ihn an, und nahmen das Rohr und schlugen damit sein Haupt. Mat. 27, 30.

F. Wohin führten sie den Heiland, nachdem sie Ihn so verspottet hatten?

A. Sie führten Ihn hin, daß sie Ihn kreuzigten. Matth. 27, 31.

F. Wen zwangen sie, daß er Jesu Kreuz trüge?

A. Simon von Cyrene. Matth. 27, 32.

F. An welche Stätte kamen sie?

A. Nach Golgatha. Mat. 27, 33.

F. Was wollten sie dort Jesu zu trinken geben?

A. Myrrhen im Wein. Marc. 15, 23.

F. Nahm Jesus es zu sich?

A. Nein. Marc. 15, 23.

F. Was thaten die Kriegsknechte dann?

A. Sie kreuzigten Jesum. Joh. 19, 23.

F. Wie kreuzigten sie Ihn?

A. Sie schlugen Nägel durch seine Hände und Füße. Joh. 20, 25; Luc. 24, 39.

F. Wie bat Jesus am Kreuz für seine Feinde?

A. Vater, vergib ihnen; denn sie wissen nicht, was sie thun. Luc. 23, 34.

F. Welche Ueberschrift stand auf dem Kreuze?

A. Jesus von Nazareth, der Juden König. Joh. 19, 19.

F. Was sagten die Hohenpriester und Schriftgelehrten spottend von Jesu?

A. Andern hat Er geholfen, und kann sich selbst nicht helfen. Marc. 15, 31.

F. Wer wurde mit Jesu gekreuzigt? [27, 38.

A. Zwei Mörder. Matth.

F. Was that einer von ihnen?

A. Er lästerte Jesum. Luc. 23, 39.

F. Was bat der andre von Ihm?

A. HErr, gedenke an mich, wenn Du in Dein Reich kommst. Luc. 23, 42.

F. Was antwortete Jesus?

A. Heute wirst du mit mir im Paradiese sein. Luc. 23, 43.

F. Was thaten die Soldaten mit den Kleidern Jesu?

A. Sie theilten sie; und um seinen Rock warfen sie das Loos. Matth. 27, 35.

F. Wie lange dauerte die Finsterniß über das ganze Land?

A. Drei Stunden. Matth. 27, 45.

F. Was gaben sie Jesu zu trinken, als Er sagte: Mich dürstet?

A. Essig. Joh. 19, 29.

F. Was rief Jesus endlich aus?

A. Es ist vollbracht! Joh. 19, 30.

F. Was war vollbracht?

A. Die Erlösung der Menschen.

F. Was geschah dann?

A. Jesus rief laut und gab den Geist auf.

F. Von welchen Zeichen war das Sterben Jesu begleitet?

A. Der Vorhang im Tempel zerriß. Die Erde erbebte und die Felsen zerrissen. Mat. 27, 51.

F. Was sagte der Hauptmann, der Jesum bewachte, als er das sah?

A. Wahrlich, dieser ist Gottes Sohn gewesen. Matth. 27, 54.

F. Um wie viel Uhr starb Jesus?   [Matth. 27, 46.

A. Nachmittags drei Uhr.

F. Was that einer der Soldaten, als sie zu Jesu kamen und sahen, daß Er gestorben war?

A. Er öffnete seine Seite mit einem Speer. Joh. 19, 34.

F. Was kam heraus?

A. Blut und Wasser.

Jesu's Freundinnen an seiner Grabesstätte.

Sechs-und-fünfzigste Lektion.

F. Wer kam zu Pilatus und bat um den Leichnam Jesu?

A. Joseph von Arimathia. Joh. 19, 38.

F. Wer war dieser Joseph?

A. Ein Jünger Jesu, doch heimlich.

F. Warum war er heimlich ein Jünger?

A. Aus Furcht vor den Juden. Joh. 19, 38.

F. Gewährte ihm Pilatus seine Bitte?

A. Ja. Joh. 19, 38.

F. Wohin legte Joseph den Leichnam?

A. In sein eigen neu Grab. Matth. 27, 60.

F. Wie war das Grab gemacht?

A. Es war in einen Felsen gehauen.

F. Wie wurde es verschlossen?

A. Ein Stein wurde vor des Grabes Thüre gerollt. Matth. 27, 60.

F. Wie verwahrten die Pharisäer das Grab?

A. Sie versiegelten den Stein und stellten Hüter davor. Matth. 27, 66.

F. Wer kam zum Grabe am ersten Tag der Woche?

A. Maria Magdalena. Joh. 20, 1.

F. Um welche Zeit?

A. Sehr frühe, da die Sonne aufgieng. Marc. 16, 2.

F. Wem sagte sie es, als sie das Grab leer fand?

A. Simon Petro und Johannes. Joh. 20, 2.

F. Was sahen diese beiden, als sie hinkamen?

A. Die leinenen Tücher. Joh. 20, 5.

F. Wer blieb zurück, als sie vom Grab umkehrten?

A. Maria. Joh. 20, 11.

F. Wen sah sie, als sie sich bückte und in das Grab schaute?

A. Zwei Engel. Joh. 20, 12.

F. Wo saßen diese?

A. Einer zu den Häupten, der andre zu den Füßen, wo der Leichnam Jesu gelegen hatte. Joh. 20, 12.

F. Was fragten sie die Engel?

A. Weib, was weinest du? Joh. 20, 13.

F. Was antwortete Maria?

A. Sie haben meinen HErrn weggenommen, und ich weiß nicht, wo sie Ihn hingelegt haben. Joh. 20, 13.

F. Wen sah sie, als sie sich umwandte?

A. Jesum. Joh. 20, 14.

F. Kannte sie Ihn?

A. Nein. Joh. 20, 14.

F. Für wen hielt sie Ihn?

A. Für den Gärtner. Joh. 20, 15.

F. Was sagte Er zu ihr?

A. Maria! Joh. 20, 16.

F. Was sagte sie darauf?

A. Rabbuni! Joh. 20, 16.

F. Was heißt das?

A. Meister. [dann?

F. Wem erschien Jesus

A. Petro. Luc. 24, 34.

F. Von wem wurde Er am Abend desselbigen Tages gesehen?

A. Von zwei seiner Jünger, die nach Emmaus giengen. Luc. 24, 13. 15.

F. Wie weit ist Emmaus von Jerusalem?

A. Etwa sieben und eine halbe Meile. Luc. 24, 13.

F. Wovon redeten sie unterwegs?

A. Von den Geschichten allen, die sich zugetragen hatten. Luc. 24, 14.

F. Wer nahete sich ihnen, als sie so mit einander redeten?

A. Jesus. Luc. 24, 15.

F. Warum kannten sie Ihn nicht?

A. Weil ihre Augen gehalten waren. Luc. 24, 16.

F. Was that Jesus?

A. Er legte ihnen die Schrift aus. Luc. 24, 27.

F. Was that Er, als sie nach Emmaus kamen?

A. Er stellte sich, als wollte Er weiter gehen. Luc. 24, 28.

F. Wozu nöthigten sie Ihn?

A. Bei ihnen zu bleiben. Luc. 24, 29.

F. Woran erkannten sie Ihn?

A. Am Brodbrechen. Luc. 24, 30.

F. Blieb Jesus nach dem noch bei ihnen?

A. Nein; Er verschwand vor ihren Augen. Luc. 24, 31.

F. Was sagten sie zu einander?

A. Brannte nicht unser Herz in uns, als Er mit uns redete auf dem Wege? Luc. 24, 32.

F. Wohin kehrten die Jünger dann zurück?

A. Nach Jerusalem. Luc. 24, 33.

F. Wer war dort versammelt?

A. Die elf Apostel. Luc. 24, 33.

F. Was sagten sie diesen?

A. Alles, was auf dem Wege geschehen war. Luc. 24, 35.

F. Wer trat alsdann in ihre Mitte?

A. Jesus. Luc. 24, 36.

F. Wie grüßte Er sie?

A. Mit den Worten: Friede sei mit Euch! Luc. 24, 36.

F. Warum fürchteten sie sich?

A. Sie meinten, sie sähen einen Geist. Luc. 24, 37.

F. Was that Jesus, um ihnen zu beweisen, daß er kein Geist sei?

A. Er aß vor ihnen. Luc. 24, 43.

F. Welcher Apostel war nicht zugegen, als Jesus den Jüngern zum ersten Mal erschien?

A. Thomas. Joh. 20, 21.

F. Glaubte er, was sie ihm sagten?

A. Nein. Joh. 20, 25.

F. Unter welcher Bedingung, sagte er, könne er nur glauben?

A. Es sei denn, daß er lege seine Finger in seine Nägelmale und seine Hand in Jesu Seite. Joh. 20, 25.

F. Wie lang nachher waren die Jünger wieder versammelt?

A. Acht Tage nachher. Joh. 20, 26.

F. Wer kam und trat in ihre Mitte?

A. Jesus. Joh. 20, 26.

F. Was sagte Er zu Thomas?

A. Reiche deine Finger her, und siehe meine Hände, und reiche deine Hand her, und lege sie in meine Seite; und sei nicht ungläubig, sondern gläubig. Joh. 20, 27.

F. Was antwortete Thomas?

A. Mein HErr und mein Gott! Joh. 20, 28.

F. Wie vielen Brüdern erschien Jesus bei einer andern Gelegenheit?

A. Mehr als fünf hundert. 1 Cor. 15, 6.

F. Wie lang war Jesus auf Erden nach seiner Auferstehung?

A. Vierzig Tage. Apostelg. 1, 3.

F. In welcher Stadt befahl Er ihnen auf die Ausgießung des heiligen Geistes zu warten?

A. In Jerusalem. Apostelg. 1, 4.

F. Welchen Befehl gab ihnen Jesus dann noch?

A. Gehet hin in alle Welt und prediget das Evangelium aller Creatur. Marc. 16, 15.

F. Welches Wort der Ermuthigung sagte ihnen Jesus noch?

A. Siehe, Ich bin bei euch

8

alle Tage bis an der Welt Ende. Matth. 28, 20.

F. Wohin führte Er sie dann?

A. Nach Bethanien. Luc. 24, 50.

F. Was that Jesus dort?

A. Er hob seine Hände auf und segnete sie. Luc. 24, 50.

F. Was geschah alsdann?

A. Er schied von ihnen und fuhr auf gen Himmel. Luc. 24, 51. [Jüngern?

F. Wer erschien dann den

A. Zwei Männer in weißen Kleidern. Apostelg. 1, 10.

F. Wie, sagten sie, werde Jesus wieder kommen?

A. Eben so, wie sie Ihn haben sehen gen Himmel fahren. Apostelg. 1, 11.

F. Wohin kehrten die Jünger dann zurück?

A. Nach Jerusalem. Apostelg. 1, 12.

F. Von welchem Berg aus?

A. Vom Oelberg.

F. Wie weit ist der Oelberg von Jerusalem entfernt?

A. Einen Sabbather-Weg.

F. Wie weit ist das?

A. Nicht ganz eine Meile.

F. Was thaten die Jünger dann in Jerusalem?

A. Sie preiseten und lobten Gott. Luc. 24, 53.

Sieben-und-fünfzigste Lektion.

F. Wer schrieb die Apostelgeschichte?

A. Lucas.

F. An wen ist sie geschrieben?

A. An Theophilus. Apostelg. 1, 1.

F. Welches andre Buch der heiligen Schrift ist auch an ihn geschrieben?

A. Das Evangelium Lucä. Luc. 1, 3.

F. Wo hielten sich die Jünger auf nach Christi Himmelfahrt?

A. Auf einem Söller. Apostelg. 1, 13.

F. Wie viele waren da beisammen?

A. Einhundert und zwanzig. Apostelg. 1, 15.

F. Welchen Vorschlag machte Petrus?

A. An die Stelle des Judas einen andern Apostel zu wählen. Apostelg. 1, 25.

F. Welches Ende hatte Judas genommen?

A. Er hatte sich selbst erhängt. Matth. 27, 5.

F. Welche zwei Jünger wurden nun für das Apostelamt aufgestellt?

A. Barsabas und Matthias. Apostelg. 1, 23.

F. Was thaten die Jünger dann?

A. Sie warfen das Loos über sie. Apostelg. 1, 26.

F. Auf wen fiel es?

A. Auf Matthiam.

F. Wem wurde er dann zugezählt?

A. Den elf Aposteln.

F. Was wird uns von den Aposteln erzählt am Pfingstfest?

A. Sie waren alle einmüthig bei einander. Apostelg. 2, 1.

F. Welcher Tag wurde Pfingsten genannt?

A. Der fünfzigste nach Ostern.

F. Welchen andern Namen hat das Pfingstfest im alten Testament?

A. Das Erntefest und das Fest der Wochen. 2 Mos. 23, 16; 34, 22.

F. Was geschah plötzlich?

A. Ein Brausen vom Himmel, als eines gewaltigen Windes. Apostelg. 2, 2.

F. Was wurde davon erfüllt?

A. Das ganze Haus, da sie saßen.

F. Was sah man an den Jüngern?

A. Zungen zertheilet, als wären sie feurig. Apstg. 2, 3.

F. Auf wen setzten sie sich?

A. Auf einen Jeglichen unter ihnen.

F. Wessen wurden sie voll?

A. Des heiligen Geistes. Apostelg. 2, 4.

F. Wie fiengen sie an zu predigen?

A. Mit andern Zungen.

F. Wer lehrte sie?

A. Der heilige Geist. Apostelg. 2, 4.

F. Aus welchen Nationen waren Juden zu Jerusalem?

A. Aus allerlei Volk, das unter dem Himmel ist. Apostelg. 2, 5.

F. Wie hörten die die Apostel reden?

A. Ein Jeglicher hörte sie in seiner Sprache. Apstg. 2, 6.

F. Welchen Eindruck machte es auf sie?

A. Sie entsetzten sich alle, und verwunderten sich. Apostelg. 2, 7.

F. Wessen beschuldigte sie Petrus?

A. Sie haben den HErrn Jesum Christum an's Kreuz geheftet. Apostelg. 2, 23.

F. Was versicherte er dann dem ganzen Haus Israel?

A. Daß Gott diesen Jesum, den sie gekreuzigt hatten, zu einem HErrn und Christ gemacht habe. Apostelg. 2, 36.

F. Wie gieng es dem Volk, als sie die Rede Petri hörten?

A. Es gieng ihnen durch's Herz. Apostelg. 2, 37.

F. Was fragten sie?

A. Ihr Männer, lieben Brüder, was sollen wir thun? Apostelg. 2, 37.

F. Was antwortete ihnen Petrus?

A. Thut Buße, und lasse sich ein Jeglicher taufen auf den Namen Jesu Christi zur Vergebung der Sünden. Apostelg. 2, 38.

F. Wie viele wurden an dem Tage zu der Gemeine hinzugethan?

A. Bei drei tausend Seelen. Apostelg. 2, 41.

F. Was thaten die Apostel?

A. Viele Zeichen und Wunder. Apostelg. 2, 43.

F. Wen that der HErr täglich noch zu der Gemeine?

A. Solche, die da selig wurden. Apostelg. 2, 47.

F. Wohin giengen Petrus und Johannes?

A. In den Tempel. Apostelg. 3, 1.

F. Zu welcher Zeit?

A. Um die neunte Stunde.

F. Welche Tageszeit ist die neunte Stunde?

A. Nachmittags drei Uhr.

F. Wen sahen sie vor des Tempels Thür liegen?

A. Einen Lahmen. Apostg. 3, 2.

F. Um was bat der Lahme?

A. Um ein Almosen.

F. Was sagte Petrus zu ihm?

A. Silber und Gold habe ich nicht; was ich aber habe, das gebe ich dir. Apstg. 3, 6.

F. In wessen Namen befahl er ihm: Stehe auf und wandle!?

A. Im Namen Jesu Christi von Nazareth. Apostelg. 3, 6.

F. Was war die Folge davon?

A. Der Lahme sprang auf, konnte gehen und stehen. Apostelg. 3, 8.

F. Was that das Volk darüber?

A. Sie verwunderten sich.

F. Durch den Glauben an wen, sagte Petrus, sei dieser Lahme gesund geworden?

A. Durch den Glauben an den Namen Jesu Christi. Apostelg. 3, 16.

F. Wozu ermahnte er das Volk?

A. Buße zu thun, und sich zu bekehren. Apostelg. 3, 19.

Acht-und-fünfzigste Lektion.

F. Wen verdroß es, daß Petrus und Johannes das Volk lehreten, und die Auferstehung Jesu von den Todten verkündigten?

A. Die Priester und den Hauptmann des Tempels und die Sadducäer. Apstg. 4, 1.

F. Was thaten sie ihnen?

A. Sie setzten sie ein. Apostelg. 4, 3.

F. Was wurde ihnen dann von den Obersten befohlen?

A. Daß sie sich nicht hören ließen, noch lehreten in dem Namen Jesu. Apostelg. 4, 18.

F. Wohin giengen Petrus und Johannes, nachdem sie sie hatten gehen lassen?

A. Zu den Ihrigen. Apostelg. 4, 23.

F. Was verkündigten sie ihnen?

A. Alles, was die Hohenpriester und Aeltesten zu ihnen gesagt hatten.

F. Was geschah, nachdem sie gebetet hatten?

A. Die Stätte, da sie versammelt waren, bewegte sich. Apostelg. 4, 31.

F. Was thaten diejenigen, die Aecker oder Häuser hatten?

A. Sie verkauften sie. Apostelg. 4, 34. [Geld?

F. Was thaten sie mit dem

A. Sie legten es zu der Apostel Füßen. Apstg. 4, 35.

F. Was geschah dann damit?

A. Man gab einem Jeglichen, was ihm Noth war.

F. Welche Personen fielen todt nieder, weil sie eine Lüge sagten?

A. Ananias und Sapphira. Apostelg. 5, 1–10.

F. Was hatte dieses Gericht zur Folge?

A. Es kam eine große Furcht über Alle, die es hörten. Apostelg. 5, 11.

F. Was geschah den Aposteln dafür, daß sie Wunder und Zeichen thaten?

A. Sie wurden in das Gefängniß geworfen. Apostelg. 5, 18.

F. Wie kamen sie wieder heraus?

A. Der Engel des HErrn that in der Nacht die Thür des Gefängnisses auf und führte sie heraus. Apostelg. 5, 18.

F. Was thaten sie am nächsten Morgen?

A. Sie giengen in den Tempel und lehreten. Apostelg. 5, 21.

F. Wer wurde nun nach ihnen geschickt?

A. Der Hauptmann mit den Dienern.

F. Wie brachten sie sie vor den Rath?

A. Nicht mit Gewalt. Apostelg. 5, 26.

F. Warum?

A. Sie fürchteten sich vor dem Volk.

F. Welchen Rath gab Gamaliel?

A. Lasset ab von diesen Menschen und lasset sie fahren. Apostelg. 5, 38.

F. Befolgten sie den Rath?

A. Sie stäupten die Apostel, und ließen sie dann gehen. Apostelg. 5, 40.

F. Wie viele Männer wurden zu Almosenpflegern erwählt?

A. Sieben. Apg. 6, 3.

F. Welcher war der hervorragendste unter ihnen?

A. Stephanus.

F. Was wird uns von ihm gesagt?

A. Er war voll Glaubens und heiligen Geistes. Apostelg. 6, 5.

F. Wie gieng es denen, die sich mit Stephano befragten?

A. Sie vermochten nicht widerzustehen der Weisheit und dem Geiste, der da redete. Apostelg. 6, 10.

F. Was thaten sie dann?

A. Sie richteten etliche Männer zu, ihn fälschlich anzuklagen. Apostelg. 6, 11.

F. Wessen haben sie ihn angeklagt?

A. Daß er Lästerworte gegen Moses und gegen Gott rede. Apostelg. 6, 11.

F. Wohin führten sie ihn?

A. Vor den Rath. Apostelg. 6, 12.

F. Wie sah sein Angesicht aus?

A. Wie eines Engels Angesicht. Apostelg. 6, 15.

F. Was fragte ihn der Hohepriester?

A. Ist dem also? Apostelg. 7, 1.

F. Zu wem redete nun Stephanus?

A. Zu dem Rath.

F. Wie hieß dieser Rath?

A. Sanhedrim.

F. Aus wie vielen Gliedern bestand er?

A. Aus zwei-und-siebenzig.

F. Welchen Eindruck machte die Rede des Stephanus?

A. Es gieng ihnen durch's Herz, und bissen die Zähne zusammen über ihm. Apostelg. 7, 54.

F. Was thaten sie mit ihm?

A. Sie stießen ihn zur Stadt hinaus, und steinigten ihn. Apostelg. 7, 56.

F. Was sagte Stephanus?

A. HErr Jesu, nimm meinen Geist auf! Apostelg. 7, 58.

F. Für wen betete Stephanus?

A. Für seine Feinde. Apostelg. 7, 60.

Neun-und-fünfzigste Lektion.

F. Gegen wen erhob sich eine große Verfolgung gleich nach dem Tode Stephani?

A. Gegen die Gemeinde zu Jerusalem. Apostelg. 8, 1.

F. Was war die Folge davon?

A. Sie zerstreuten sich Alle, ohne die Apostel. Apg. 8, 1.

F. In welche Länder zerstreuten sie sich?

A. In Judäa und Samaria. Apostelg. 8, 1.

F. Was thaten die, welche zerstreuet waren?

A. Sie predigten das Wort. Apostelg. 8, 4.

F. Was that Saulus der Gemeinde? [stelg. 8, 3.

A. Er zerstörte sie. Apostelg. 8, 3.

F. In welche Stadt gieng Philippus?

A. Nach Samaria. Apostelg. 8, 5.

F. Was that er daselbst?

A. Er predigte ihnen von Christo. Apostelg. 8, 5.

F. Was richtete er damit aus?

A. Das Volk hörte ihm einmüthiglich und fleißig zu. Apostelg. 8, 6.

F. Was geschah dadurch?

A. Es ward eine große Freude in derselbigen Stadt. Apostelg. 8, 8.

F. Wie hieß der Zauberer, der in Samaria war?

A. Simon. Apstg. 8, 9.

F. Welchen Eindruck machte die Predigt des Philippus auf ihn?

A. Er glaubte. Apostelg. 8, 13.

F. Wer wurde nun nach Samaria gesandt, dem Philippus zu helfen?

A. Petrus und Johannes. Apostelg. 8, 14.

F. Um was beteten diese?

A. Um den heiligen Geist. Apostelg. 8, 15.

F. Wie ward er gegeben?

A. Durch Handauflegung der Apostel. Apostelg. 8, 17.

F. Welche Macht wollte Simon durch Geld erkaufen?

A. Die Macht, den heiligen Geist mitzutheilen. Apg. 8, 19.

F. Was sagte Petrus zu ihm?

A. Daß du verdammet werdest mit deinem Gelde. Apostelg. 8, 20.

F. Was ermahnte er ihn zu thun?

A. Buße zu thun und Gott um Vergebung zu bitten. Apostelg. 8, 22.

F. Was wollte nun Simon von den Aposteln haben?

A. Sie sollten für ihn beten. Apostelg. 8, 24.

F. Wo sollte nach dieser Geschichte Philippus hingehen?

A. Gegen Mittag. Apostelg. 8, 26.

F. Wer gab ihm solchen Befehl?

A. Der Engel des HErrn. Apostelg. 8, 26.

F. Wen traf er dort?

A. Den Kämmerer aus dem Mohrenlande. Apg. 8, 27

F. Wo ist das Mohrenland?

A. In Afrika.

F. Wo war der Kämmerer gewesen?

A. In Jerusalem. Apostelg. 8, 27.

F. Wozu war er dahingegangen?

A. Anzubeten. Apg. 8, 27.

F. Wo saß er nun?

A. In seinem Wagen. Apg. 8, 28.

F. Was las er?

A. Den Propheten Jesajas. Apostelg. 8, 28.

F. Was sagte der Geist zu Philippo?

A. Gehe hin, und mache dich an diesen Wagen. Apostelg. 8, 29.

F. Was fragte nun Philippus den Kämmerer?

A. Verstehest du auch, was du liesest? Apostelg. 8, 30.

F. Was antwortete der Kämmerer?

A. Wie kann ich, so mich nicht Jemand anleitet? Apg. 8, 31.

F. Wozu ermahnte er den Philippum?

A. Daß er aufträte und setzte sich bei ihn. Apg. 8, 31..

F. Was that nun Philippus?

A. Er predigte ihm das Evangelium von Jesu. Apg. 8, 35.

F. Welches Sacrament wurde nun an dem Kämmerer vollzogen, als sie an ein Wasser kamen?

A. Die heilige Taufe. Apg. 8, 38.

F. Wer rückte den Philippus hinweg?

A. Der Geist des HErrn. Apg. 8, 39.

F. Was ist noch von dem Kämmerer gesagt?

A. Er zog seine Straße fröhlich. Apg. 8, 39.

F. Wo wurde Philippus gefunden?

A. Zu Asdod. Apg. 8, 40.

F. Wo war Asdod?

A. In Canaan, am Ufer des mittelländischen Meeres.

F. Wohin gieng Philippus von Asdod?

A. Nach Cäsarien. Apg. 8, 40.

F. Wo lag Cäsarien?

A. Zwei-und-sechzig Meilen nordwestlich von Jerusalem.

Sechzigste Lektion.

F. Wider wen schnaubete Saulus mit Drohen und Morden?

A. Wider die Jünger des HErrn. Apostelg. 9, 1.

F. Nach welcher Stadt gieng er?

A. Gen Damaskus. Apg. 9, 2.

F. Wo lag Damaskus?

A. Etwa einhundert und zwanzig Meilen nordöstlich von Jerusalem.

F. Was wollte er daselbst thun?

A. Die Christen verfolgen.

F. Was umleuchtete ihn, als er nahe bei Damaskus war?

A. Ein Licht vom Himmel. Apg. 9, 3.

F. Welchen Eindruck machte das auf Saulus?

A. Er fiel auf die Erde. Apg. 9, 4.

F. Was hörte er nun

A. Eine Stimme, die sprach zu ihm: Saul, Saul, was verfolgest du mich? Apg. 9, 4.

F. Was fragte nun Saulus? [9, 5.

A. HErr, wer bist du? Apg.

F. Was antwortete der HErr?

A. Ich bin Jesus, den du verfolgest. Apg. 9, 5.

F. Welchen Eindruck machte das auf Saulus?

A. Er zitterte und zagte. Apg. 9, 6.

F. Was fragte er dann?

A. HErr, was willst du, daß ich thun soll? Apg. 9, 6.

F. Wo schickte ihn der HErr hin?

A. In die Stadt. Apg. 9, 6.

F. Was werde man ihm dort sagen?

A. Was er thun solle. Apg. 9, 6.

F. Wie war es mit den Augen des Saulus, als er sich von der Erde aufrichtete?

A. Er konnte nicht sehen. Apg. 9, 8.

F. Wie lange war er nicht sehend?

A. Drei Tage. Apg. 9, 9.

F. Was war die Ursache seiner Erblindung bei seiner Bekehrung?

A. Die Klarheit des Lichts, das ihn umleuchtete. Apg. 22, 11.

F. Was sagte er von der Helle dieses Lichtes?

A. Es sei heller gewesen, denn der Sonne Glanz. Apg. 24, 13.

F. Wie kam er nun nach Damaskus?

A. Seine Begleiter nahmen ihn bei der Hand und führten ihn. Apg. 9, 8.

F. Wer ward zu ihm gesandt, daß er wieder sehend werde?

A. Ananias. Apg. 9, 10.

F. Was sagte ihm Gott von Saulus?   [11.

A. Siehe, er betet. Apg. 9,

F. Wozu, sagte Er, sei er Ihm ein auserwähltes Rüstzeug?

A. Seinen Namen zu tragen vor den Heiden. Apg. 9, 15.

F. Was that Ananias zuerst mit Saulus?

A. Er legte die Hände auf ihn.

F. Was sagte er zu ihm?

A. Saul, lieber Bruder, siehe auf. Apg. 22, 13.

F. Was war die augenblickliche Folge davon?

A. Er ward wieder sehend. Apg. 9, 18.

F. Welches Sacrament empfieng er dann?

A. Die heilige Taufe. Apg. 9, 19.

F. Was that er darauf?

A. Er predigte Christum in den Schulen. Apg. 9, 20.

F. Welchen Eindruck machte das auf die, die es hörten?

A. Sie entsetzten sich Alle. Apg. 9, 21.

F. Wohin gieng Saulus nach seiner Bekehrung?

A. Nach Arabien. Gal. 1, 17.

F. Wie viele Jahre vergiengen, ehe er wieder nach Jerusalem zurückkehrte?

A. Drei Jahre. Gal. 1, 18.

F. Was für einen Rath hielten die Juden in Damaskus nach vielen Tagen?

A. Daß sie ihn tödteten. Apg. 9. 23.

F. Wie entkam er ihnen?

A. Die Jünger ließen ihn bei der Nacht in einem Korbe über die Mauer hinab. Apg. 9, 25.

F. Warum wollten ihn nun die Jünger zu Jerusalem nicht aufnehmen?

A. Sie fürchteten sich vor

ihm und glaubten nicht, daß er ein Jünger wäre. Apg. 9, 26.

F. Wer erzählte ihnen nun seine Bekehrung?

A. Barnabas. Apg. 9, 27.

F. Was ist nun weiterhin von der Gemeinde gesagt?

A. Sie hatte Frieden und bauete sich. Apg. 9, 31.

Ein-und-sechzigste Lektion.

F. Welcher Gichtbrüchige wurde zu Lydda geheilt?

A. Aeneas. Apg. 9, 33.

F. Wer wurde zu Joppe auferweckt?

A. Tabea. Apg. 9, 40.

F. Wer verrichtete diese Wunder?

A. Petrus. Apg. 9, 34–40.

F. Welcher Hauptmann wohnte zu Cäsarien?

A. Cornelius. Apg. 10, 1.

F. Was war ein Hauptmann (Centurio)?

A. Ein römischer Offizier, der 100 Mann befehligte.

F. Wen sollte, nach eines Engels Weisung, Cornelius kommen lassen?

A. Den Petrus. Apg. 10, 5.

F. Wen versammelte Cornelius des andern Tages?

A. Seine Verwandten und Freunde. Apg. 10, 24.

F. Was geschah, als Petrus kam und ihnen predigte?

A. Der heilige Geist fiel auf Alle, die dem Worte zuhöreten. Apg. 10, 44.

F. Wo wurden die Jünger zuerst Christen genannt?

A. Zu Antiochien. Apg. 11, 26.

F. Wo lag Antiochien?

A. Am Fluß Orontes in Syrien.

F. Welcher Apostel erlitt zuerst den Märtyrertod?

A. Jakobus, der Bruder des Johannes. Apg. 12, 2.

F. Wer ließ ihn tödten?

A. Der König Herodes (Agrippa). Apg. 12, 1.

F. Wie war dieser Herodes Agrippa mit dem Herodes verwandt, der die Kinder zu Bethlehem umbringen ließ?

A. Sein Enkel.

F. Welcher Apostel wurde um dieselbe Zeit in's Gefängniß gelegt?

A. Petrus. Apg. 12, 4.

F. Wer betete ohne Aufhören für ihn?

A. Die Gemeinde. Apg. 12, 5.

F. Wie schlief Petrus die Nacht, ehe er vorgestellt werden sollte?

A. Zwischen zwei Kriegsknechten mit zwei Ketten gebunden. Apg. 12, 6.

F. Wer erschien ihm da?

A. Der Engel des Herrn. Apg. 12, 7.

F. Was sagte der Engel?

A. Stehe behends auf. Apg. 12, 7.

F. Was geschah mit seinen Ketten?

A. Sie fielen ihm von seinen Händen. Apg. 12, 7.

F. Was befahl der Engel dem Petrus?

A. Er solle ihm nachfolgen.

F. Wohin gieng Petrus, als der Engel von ihm geschieden war?

A. Vor das Haus Mariä, der Mutter Johannis. Apg. 12, 12.

F. Was that man dort?

A. Es waren viele bei einander und beteten. Apg. 12, 12.

F. Wie war ihnen zu Muthe, als sie Petrum sahen?

A. Sie entsetzten sich. Apg. 12, 16.

F. Was ließ Herodes den Hütern thun?

A. Er ließ sie rechtfertigen und wegführen, (d. h. zum Tode verurtheilen.) Apg. 12, 19.

F. Wohin gieng dann Herodes?

A. Nach Cäsarien. Apg. 12, 19.

F. Wer kam da zu ihm?

A. Die von Tyro und Sidon. Apg. 12, 20.

F. Was that Herodes?

A. Er that eine Rede zu ihnen. Apg. 12, 21.

F. Was sagte das Volk?

A. Das ist Gottes Stimme, und nicht eines Menschen. Apg. 12, 22.

F. Wer schlug ihn alsbald?

A. Der Engel des HErrn. Apg. 12, 23.

F. Warum?

A. Darum, daß er die Ehre nicht Gott gab. Apg. 12, 23.

F. Wo wurden Saulus und Barnabas ordinirt?

A. Zu Antiochien. Apg. 13, 1–3.

F. Welchen andern Namen hat Saulus?

A. Paulus. Apg. 13, 9.

F. Welches Wunder thaten Paulus und Barnabas zu Lystra?

A. Sie heilten einen Mann, der von Mutterleibe lahm gewesen war. Apg. 14, 8–10.

F. Welchen andern Genossen in seiner Arbeit hatte Paulus noch?

A. Silas. Apg. 15, 40.

F. Wie gieng es dem Paulus und Silas zu Philippi?

A. Sie wurden gestäupet und in's Gefängniß geworfen. Apg. 16, 23.

F. Wie wurden sie wieder frei?

A. Es ward ein großes Erdbeben, so daß alle Thüren des Gefängnisses aufgethan und aller Bande los wurden. Apg. 16, 26.

F. Was that der Kerkermeister, als er die Thüren offen sah?

A. Er zog sein Schwert und wollte sich tödten. Apg. 16, 27.

F. Was sagte Paulus zu ihm?

A. Thue dir nichts Uebels, denn wir sind alle hier. Apg. 16, 28.

F. Was that nun der Kerkermeister?

A. Er sprang zitternd hinein und fiel Paulo und Silo zu den Füßen. Apg. 16, 29.

F. Was fragte er nun?

A. Liebe Herren, was muß ich thun, daß ich selig werde? Apg. 16, 30.

F. Was antworteten sie?

A. Glaube an den HErrn Jesum Christum. Apg. 16, 31.

F. Welche berühmte Stadt besuchte Paulus noch?

A. Athen. Apg. 17, 15.

F. Wo lag Athen?

A. Im südöstlichen Griechenland.

F. Wie stand es damals in Athen?

A. Die Stadt war gar abgöttisch. Apg. 17, 16.

F. Wo wurde Paulus in Athen hingeführt?

A. Auf den Richtplatz?

F. Was thaten Einige, als Paulus von der Auferstehung der Todten redete?

A. Sie hatten ihren Spott. Apg. 17, 32.

F. Was sagten Andere?

A. Wir wollen dich davon weiter hören. Apg. 17, 32.

Zwei-und-sechzigste Lektion.

F. Wer erregte in Jerusalem einen Aufruhr wider Paulum?

A. Die Juden aus Asien. Apg. 21, 27.

F. Wessen klagten sie ihn an?

A. Er habe den Tempel gemein gemacht. Apg. 21, 28.

F. Wer rettete ihn aus ihrer Hand?

A. Lysias, der oberste Hauptmann. Apg. 21, 32.

F. Was verkündigte Paulus dem Volke?

A. Seine Bekehrung.

F. Was sagte das Volk?

A. Hinweg mit Solchem von der Erde. Apostelg 22, 22.

F. Wie ließ ihn der Hauptmann erfragen?

A. Mit Stäupen. Apg. 22, 24.

F. Was fragte sie dann Paulus?

A. Ist's auch Recht, einen römischen Menschen ohne Urtheil und Recht zu geißeln? Apg. 22, 25.

F. Welchen Eindruck machte diese Frage auf den Hauptmann?

A. Er fürchtete sich. Apg. 22, 29.

F. Warum?

A. Weil es gegen das Gesetz war, einen römischen Bürger so zu strafen.

F. Wo war Paulus geboren?

A. Zu Tarsus. Apg. 22, 3.

F. Wo lag Tarsus?

A. In Cilicien, Kleinasien.

F. Zu welchem Volke gehörten seine Eltern?

A. Sie waren Juden.

F. Wie konnte er denn sagen, er sei ein Römer?

A. Vielleicht weil die Einwohner von Tarsus die Rechte römischer Bürger besaßen.

F. Wann vertheidigte sich Paulus wieder?

A. Am nächsten Tage. Apg. 22, 30.

F. Vor wem?

A. Vor dem Rathe. Apg. 23, 1.

F. Wer befahl ihn auf's Maul zu schlagen?

A. Der Hohepriester Ananias. Apg. 23, 2.

F. Was sagte Paulus zu ihm?

A. Gott wird dich schlagen, du getünchte Wand. Apg. 23, 3.

F. Was sprachen nun die, welche umher stunden?

A. Schiltest du den Hohenpriester Gottes? Apg. 23, 4.

F. Wie entschuldigte sich Paulus?

A. Er wußte es nicht, daß es der Hohepriester war. Apg. 23, 5.

F. Wer erschien dem Paulus in der nächsten Nacht und tröstete ihn?

A. Der HErr. Apg. 23, 11.

F. Wie verschworen sich am folgenden Tage etliche Juden?

A. Sie wollten weder essen noch trinken, bis sie Paulum getödtet hätten. Apg. 23, 12.

F. Wie viele waren es?

A. Mehr denn vierzig. Apg. 23, 13.

F. Wer sagte das dem Paulus an?

A. Sein Neffe (Schwestersohn). Apg. 23, 16.

F. Wem wurde es dann mitgetheilt?

A. Dem obern Hauptmann. Apg. 23, 18.

F. Wo wurde Paulus alsbald hingesandt? [23, 23.

A. Nach Cäsarien. Apg.

F. Zu wem?

A. Zu Felix, dem römischen Landpfleger. Apg. 23, 24.

F. Wer zog nach fünf Tagen hinab, Paulum zu verklagen?

A. Der Hohepriester mit den Aeltesten, und ein Redner, Namens Tertullus. Apg. 24, 1.

F. Wie, sagte Tertullus, hätten sie den Paulus erfunden?

A. Einen schädlichen Mann, der Aufruhr errege. Apostelg. 24, 5.

F. Von welcher Sekte sei er der Vornehmsten Einer?

A. Von der Sekte der Nazarener. Apg. 24, 5.

F. Wer stimmte dem bei?

A. Die Juden. Apg. 24, 9.

F. Was sagte Paulus?

A. Sie könnten ihm nicht beibringen, weß sie ihn verklagten. Apg. 24, 13.

F. Wie bekannte er, daß er Gott diene?

A. Nach dem Weg, den sie eine Sekte heißen; aber nach Allem, was im Gesetz und in den Propheten geschrieben stehe.

F. Wann, sagte Felix, wolle er sich weiter des Dinges erkundigen?

A. Wenn Lysias, der Hauptmann, herabkomme. Apostelg. 24, 22.

F. Wovon redete Paulus vor Felix?

A. Von der Gerechtigkeit und von der Keuschheit, und von dem zukünftigen Gerichte. Apg. 24, 25.

F. Welchen Eindruck machte es auf Felix?

A. Er erschrack. Apg. 24, 25.

F. Was sagte er?

A. Gehe hin auf diesmal; wenn ich gelegenere Zeit habe, will ich dich her lassen rufen. Apg. 24, 25.

F. Wer wurde an Felix Statt Landpfleger in Judäa?

A. Festus. Apg. 24, 27.

F. Auf wen berief sich Paulus vor Festus?

A. Auf den Kaiser von Rom. Apg. 25, 11.

F. Wie hieß der damalige Kaiser?

A. Nero.

F. Was war das für ein Mann?

A. Er war einer der grausamsten und gottlosesten Männer, die je auf einem Throne saßen.

F. Vor wem verantwortete sich Paulus wieder?

A. Vor dem König Agrippas. Apg. 26, 1. 2.

F. Was sagte Agrippas zu Paulo, als er ihm seine Bekehrung erzählt hatte?

A. Es fehlet nicht viel, du überredest mich, daß ich ein Christ würde. Apg. 26, 28.

F. Wem wurde Paulus übergeben, um nach Rom geführt zu werden?   [27, 1.

A. Dem Julius. Apostelg.

F. Wer war Julius?

A. Der Unterhauptmann der kaiserlichen Schaar. Apg. 27, 1

F. Wer begleitete den Paulus?

A. Lucas.

F. Wo litten sie Schiffbruch?

A. An der Insel Melite. Apg. 28, 1.

F. Wie heißt Melite jetzt?

A. Malta.

F. Wie wurden sie auf Melite behandelt?

A. Sehr freundlich. Apg. 28, 2.

Drei-und-sechzigste Lektion.

F. Wo blieb Paulus in Rom?

A. In seinem eigenen Gedinge. Apg. 28, 30.

F. Was that er?

A. Er predigte das Reich Gottes und lehrete von dem HErrn Jesu.

F. Welche Briefe schrieb er in seiner Gefangenschaft?

A. Die Briefe an die Epheser, Philipper, Colosser, und an Philemon.

F. Wie gieng es Paulo am Ende?

A. Er wurde wahrscheinlich auf Neros Befehl enthauptet.

F. Wie heißt das letzte Buch in der Bibel?

A. Die Offenbarung.

F. Wer hat sie geschrieben?

A. Johannes der Evangelist. Offenb. 1, 1.

F. Wo?

A. Auf der Insel Patmos. Offenb. 1, 9.

F. Wo liegt Patmos?

A. Im östlichen Theil des griechischen Archipel.

F. Wie kam Johannes nach Patmos?

A. Er wurde um seines Glaubens willen dahin verbannt. Offenb. 1, 9.

F. Auf wessen Befehl?

A. Auf Befehl des Domitian.

F. Was war Domitian?

A. Kaiser von Rom.

F. Wann wurde Johannes von Patmos zurückberufen?

A. Nach dem Tode des Domitian.

F. Von wem?

A. Von seinem Nachfolger Nerva.

F. Wo verlebte Johannes den Rest seines Lebens?

A. In Ephesus.

F. An wie viele Kirchen schrieb er Briefe?

A. An sieben. Offb. 1, 11.

F. Wie hießen sie?

A. Ephesus, Smyrna, Pergamus, Thyatira, Sardes, Philadelphia und Laodicäa.

F. Wo waren diese Gemeinden?

A. In Kleinasien.

F. Welche freie Einladung ergeht im letzten Kapitel der Offenbarung an alle Menschen?

A. Wen dürstet, der komme; und wer da will, der nehme das Wasser des Lebens umsonst.

Ende.